FLORE

DE L'ARRONDISSEMENT DE SEMUR

(Côte-d'Or)

Comprenant toutes les Plantes spontanées ou
cultivées en grand dans cet arrondissement

Avec des Clefs analytiques d'un emploi sûr et facile
pour parvenir promptement et sans maître
à la détermination de ces plantes

PAR

HENRY LACHOT

Instituteur à Magny-la-Ville
Membre de la Société des Sciences historiques et naturelles de Semur

PREMIÈRE PARTIE

L'âme devient meilleure par
l'étude de la nature.
Ch. RENDU.

SEMUR
IMPRIMERIE L. LENOIR
1885

Dans l'intérêt de la science, et dans le but d'enrichir la collection botanique du Musée de Semur, les instituteurs de l'arrondissement sont instamment priés d'adresser les plantes rares de leurs localités respectives à M. COLLENOT, *président de la Société des Sciences historiques et naturelles de Semur.*

FLORE

DE L'ARRONDISSEMENT DE SEMUR

(Côte-d'Or)

Comprenant toutes les Plantes spontanées ou cultivées en grand dans cet arrondissement.

Avec des Clefs analytiques d'un emploi sûr et facile
pour parvenir promptement et sans maître
à la détermination de ces plantes.

PAR

HENRY LACHOT

Instituteur à Magny-la-Ville,
Membre de la *Société des Sciences historiques et naturelles* de Semur.

SEMUR
IMPRIMERIE L. LENOIR
1885

PRÉFACE

Depuis que les Sciences naturelles sont inscrites dans les programmes de l'Enseignement primaire, le besoin d'une flore locale se fait vivement sentir.

Pour le département de la Côte-d'Or, il n'existe que deux ouvrages de ce genre : le premier, par MM. Lorey et Duret, date de 1831 et se trouve aujourd'hui complètement épuisé; le second, qui est tout récent et qui a pour auteur M. Charles Royer, botaniste très distingué, qu'une mort prématurée vient d'enlever à l'affection de ses parents et de ses amis, ne peut être regardé comme une *Flore élémentaire*.

J'ai donc pensé me rendre utile aux Instituteurs de l'arrondissement de Semur et à toutes les personnes qui s'intéressent au progrès de la science en leur offrant ce modeste ouvrage, fruit de longues années de recherches et d'études.

J'ai été puissamment secondé dans ce travail par M. Royer lui-même, et, maintenant qu'il n'est plus, les témoignages de vive sympathie que je reçois de personnes ayant un nom dans la Science m'encouragent à publier cette *Flore de l'Auxois*, quelqu'imparfaite qu'elle puisse être.

Je dois des remercîments tout particuliers à M. Collenot, le savant auteur de la *Géologie de l'Auxois*, pour son *Introduction à la Flore* et les renseignements précieux qu'il m'a fournis sur la nature des terrains; à M. Olivier, juge de paix à Saulieu, pour les riches récoltes qu'il m'a fait faire dans ce canton; à M. Emile Naijon, instituteur à Hauteroche, pour le zèle qu'il déploie dans la recherche des espèces nouvelles pour l'arrondissement; à M. l'abbé Barrey, curé d'Anstrude (Yonne); à MM. Lévêque, instituteur à Semur, Bourelier, instituteur à Chanceaux, Bouillot, instituteur à Blessey, et Patoz, instituteur à Saint-Euphrône, pour les plantes intéressantes qu'ils m'ont communiquées.

Voici la liste des auteurs que j'ai consultés :

1º Ch. Royer, *Flore de la Côte-d'Or*, 1881-1883, qui m'a servi de guide et surtout de catalogue;
2º Lamarck, *Flore française*, 1re édition, 3 vol., 1778, dont j'ai adopté, en la modifiant, la méthode dichotomique;
3º Dubois, *Méthode éprouvée pour connaître les plantes du centre de la France et spécialement celles des environs d'Orléans*, 1re édition, 1803;
4º Ravin, *Flore de l'Yonne*, 3e édition, 1883;
5º Cosson et Germain de Saint-Pierre, *Flore des environs de Paris*, 2e édition, 1861;
6º Lorey et Duret, *Flore de la Côte-d'Or*, 1831;
7º L'abbé Cariot, *Etude des Fleurs*, 3e édition, 1860;
8º Michel Gandoger, *Flore lyonnaise et des départements du Sud-Est*, 1875;
9º Lemaout et Decaisne, *Flore élémentaire des jardins et des champs*.
10º Eugène de Fourcy, *Vade-Mecum des herborisations parisiennes*, 2e édition, 1866;
11º Bautier, *Tableau analytique de la Flore parisienne*, 17e édition, 1880;
12º Gillet et Magne, *Nouvelle Flore française*, 4e édition, 1879;
13º Pin, *Flore élémentaire*, 1872;
14º Mérat, *Nouvelle Flore des environs de Paris*, 2e édition, 1821;
15º Boitard, *Plantes de la France*, 4e édition, 1846:
16º Chirat, *Etude des Fleurs*, 1841;
17º A. Laguesse, *Promenades botaniques*, 1877;
18º Auguste Jandel, *La Botanique sans maître*, 2e édition, 1865;

19° Girolamo Cocconi, *Flora della provincia di Bologna*, 1883;
20° Bossu, *Plantes médicinales indigènes*, 3e édition, 1879.

Il reste certainement beaucoup à faire encore pour connaître à fond la Flore si riche et si variée de l'arrondissement de Semur. J'engage vivement tous les instituteurs à rechercher et à collectionner, chacun dans son rayon, les plantes qui offrent quelque intérêt. Si dans chaque école se trouvait l'herbier de la commune, la Flore très complète ne serait plus alors qu'une question de statistique botanique. Je fais donc les vœux les plus ardents pour que les instituteurs de l'Auxois s'engagent résolûment dans cette voie : le présent ouvrage est spécialement destiné à leur en aplanir les difficultés en les conduisant sûrement et par des moyens faciles à la détermination des plantes de notre région.

Puisse ce labeur que je me suis imposé contribuer à inspirer le goût de la botanique aux maîtres et aux élèves : ce sera pour moi la plus douce des récompenses!

H. LACHOT.

Magny-la-Ville, 16 décembre 1884.

INTRODUCTION

Avant d'aborder l'étude botanique d'une contrée, il importe de posséder certaines notions préliminaires que nous allons sommairement exposer.

Conditions de la végétation.

A. — Le plus grand nombre des plantes puisent les éléments nécessaires à leur nutrition dans le sol et dans l'atmosphère.

B. — Un petit nombre semblent ne prendre qu'un point d'appui sur le sol et tirer de l'air ambiant les principes indispensables à leur existence.

C. — La plupart se montrent indifférentes au milieu minéralogique et croissent sur tous les terrains où elles rencontrent des conditions de vie en rapport avec leurs besoins.

D. — Cependant il en est d'autres, et ce ne sont pas les moins intéressantes, qui, à l'inverse des précédentes, exigent un état minéralogique spécial, ou bien une altitude et même une exposition particulières. Ces végétaux peuvent servir à déterminer : 1º la nature chimique du sol et même du sous-sol ; 2º son altitude et quelquefois son exposition. Inversement la nature minéralogique d'un terrain et son altitude peuvent indiquer l'habitat probable, autrement dit la station de certaines espèces botaniques. Aussi croyons-nous utile d'entrer dans quelques détails à ce sujet.

Sol (1).

On divise généralement les terrains en *calcaires, siliceux*, et *alumineux*.

Les terrains *calcaires* contiennent en plus ou moins grande abondance la chaux à l'état de *carbonate* (2).

Les terrains *siliceux* contiennent la *silice* en dominance (3).

Les terrains *alumineux* sont ceux où l'*argile* prédomine. Quand l'argile est associée au carbonate de chaux elle prend le nom de *marne*. Dans ce cas, elle est effervescente (4).

---

(1) D'après les observations de M. G. Ville, indépendamment d'un certain nombre de minéraux qui ne manquent dans aucun terrain, quatre, absolument nécessaires à la nutrition des plantes cultivées, peuvent faire défaut ou être en quantité insuffisante. Ce sont : la *chaux*, la *potasse*, l'*acide phosphorique* et un *principe azoté*.

Chaque plante tire du sol les éléments indispensables à son développement, mais dans des proportions différentes, et l'élément le plus indispensable est appelé la *Dominante* du végétal.

(2) Pour s'assurer si le terrain renferme du carbonate de chaux, il faut être muni d'un petit flacon contenant un acide. — *Nous proposons de préférence l'acide chlorhydrique, comme moins dangereux à manier, suffisamment énergique et d'un prix modique.* — En mettant en contact une goutte d'acide avec la terre ou avec la roche, on obtiendra, si l'échantillon contient de la *chaux carbonatée*, un bouillonnement, ordinairement instantané, qu'on appelle effervescence.

Il n'y a pas d'effervescence lorsque la chaux est *sulfatée (gypse)*, comme à Mémont.

(3) Un moyen facile de reconnaître la silice dans un terrain consiste à frotter la roche ou les débris pierreux contenus dans le sol avec un métal *(le fer, par exemple)*. Si l'objet frotté garde la trace colorée du métal, il est *siliceux*. Il est encore le plus souvent siliceux s'il se produit une étincelle sous le choc du briquet. Dans tous les cas, il n'y a jamais effervescence au contact d'un acide.

Les sables sont le plus souvent siliceux ; cependant ils peuvent être calcaires (Rougemont). Lorsque les sables siliceux sont soudés par un ciment, ils prennent le nom de *grès*. Si le ciment est calcaire, ils sont effervescents ; si le ciment est siliceux l'effervescence ne se produit pas. Les grès peuvent être durs ou friables.

(4) L'argile est toujours reconnaissable à sa compacité et à sa mollesse quand elle est humectée, à son retrait quand elle est desséchée ou soumise à l'action du feu *(glaise)*. Elle n'est effervescente qu'à l'état de marne, c'est-à-dire combinée au carbonate de chaux, auquel cas elle s'effrite sous l'influence des agents atmosphériques. Les argiles et les marnes renferment toujours une certaine proportion de silice.

Altitude.

L'altitude est aussi une condition de végétation pour plusieurs espèces qui ne réussissent qu'à une certaine élévation au-dessus du niveau de la mer. Ce sont des plantes qui demandent une atmosphère plus raréfiée, mais surtout plus fraîche, et qui se trouvent protégées contre le froid hivernal par des neiges assez persistantes.

Elles exigent même souvent une exposition déterminée (1).

Conditions physiques.

Il est encore une considération importante dont il faut tenir compte en botanique; c'est que tous les végétaux sont soumis à des conditions physiques particulières à chacun d'eux.

En effet, qu'il s'agisse de plantes demandant, soit un milieu minéralogique déterminé, soit une altitude spéciale, ou qu'il s'agisse de tout autre représentant de la flore d'une organisation moins exigeante, le lieu d'élection différera ordinairement, suivant que le sol sera : *meuble, léger, compacte, résistant, profond, frais, ombragé, gazonné, sec, sableux, graveleux, rocailleux, rocheux, humide, marécageux, tourbeux.*

C'est-à-dire que chaque espèce se développera difficilement en dehors d'un terrain dépourvu d'une consistance ou d'un état hygrométrique convenant à la nature de cette espèce.

Cette sensibilité au milieu physique est telle que les végétaux vivant submergés ou flottants se montreront communé-

---

(1) Pour connaître l'altitude d'un terrain, on peut consulter le baromètre de poche ou une bonne carte de niveau.

Pour connaître son exposition, on peut avoir recours à la boussole, s'il s'agit d'une détermination exacte; mais il suffira ordinairement de s'orienter approximativement.

ment distincts, s'ils se propagent dans des eaux courantes ou s'ils croissent dans des eaux stagnantes.

Il importe à l'étudiant de bien comprendre qu'il ne doit négliger aucune des observations qui précèdent. Elles pourront être notées, suivant le cas, deux à deux, trois à trois et davantage.

Aperçu géologique et orographique de l'arrondissement de Semur.

Pour compléter ces instructions, nous allons présenter un exposé succinct de la géologie et de l'orographie du pays.

L'arrondissement de Semur peut se diviser en quatre sections principales dont l'altitude s'élève vers le Sud et le Sud-Est et s'abaisse vers le Nord-Ouest, en raison de l'inclinaison générale dans la direction du bassin de Paris.

Nous commencerons par le Sud-Ouest.

I. Section morvandelle. — Au S.-O.
II. Plateau inférieur de l'Auxois. — Partie centrale.
III. Coteaux liasiques. — Au S., au S.-E. et au N.
IV. Plateaux calcaires supérieurs. — A l'E., au N. et au N.-O.

———

I. — *Section Morvandelle.*

Elle est presque exclusivement formée de terrains et de roches siliceux (1) (*Gneiss, micaschistes, roches éruptives*), formant un sol léger et quelquefois alumineux (*argiles*).

---

(1) L'absence de calcaire se fait moins sentir dans le Morvan depuis qu'on amende les terres avec de la chaux, ce qui a permis de substituer la culture du froment à celle du seigle.

Elle est particulièrement caractérisée dans le canton de Saulieu, au Sud, dont l'altitude s'élève, suivant les lieux, de 450 mètres à 650 mètres et plus (1).

Mais elle s'étend encore par places, vers le Nord, sur le canton de Précy-sous-Thil et même sur celui de Semur, dans les endroits où se présente l'élément granitique, principalement sur les bords du Serein et de l'Armançon et de certains de leurs affluents (2).

L'altitude de la section morvandelle dans ces deux derniers cantons descend de 400 mètres à 280 mètres environ.

On rencontre encore dans les mêmes cantons (Précy et Semur) des terrains qu'il est difficile de séparer de la 1re section. Ce sont :

1° *Le dépôt houiller de Sincey*, privé de carbonate de chaux,

2° *Les grès du trias* et les *marnes irisées*, pauvres en carbonate calcaire ;

3° Les *argiles* et les *calcaires de l'infra-lias*, connus sous le nom de *terres de Véronnes*, et dont plusieurs parties sont silicifiées (3) ;

4° Les placards plus ou moins étendus d'une terre blanchâtre ou jaunâtre, non effervescente, connue sous le nom d'*aubue* et formée d'éléments granitiques dilués et transportés par les eaux.

Mais il ne faut pas comprendre dans la 1re section certaines

---

(1) La partie N.-E. du canton de Saulieu contient par exception des terrains appartenant à la 2e section, avec des altitudes moindres.

(2) On trouve même exceptionnellement des terrains granitiques et gréseux dans le canton de Vitteaux (de Normiers à Dracy).

(3) Il faut également considérer comme appartenant à la partie morvandelle les roches du Lias inférieur, qui sont devenues siliceuses par émissions de sources acides (bords du Serein).

surfaces importantes existant dans les cantons de Précy et de Semur, elles appartiennent à la 2e section (1).

Dans le canton de Saulieu, la 1re section est irriguée par de nombreuses sources et par des ruisseaux qui, se dirigeant vers les dépressions, donnent naissance à des prairies naturelles, à des marécages plus ou moins tourbeux, et même forment des étangs établis parfois jusque sur les points culminants (plateau de Montbroin); aussi, en raison de l'abondance des sources, de l'altitude, de l'influence de nombreuses surfaces boisées, des chutes d'eau plus fréquentes, des neiges plus persistantes, le canton de Saulieu est dans des conditions favorables à la croissance de certaines plantes qui demandent un sol siliceux, humide et élevé.

Les parties morvandelles des cantons de Précy et de Semur, moins irriguées généralement, moins boisées, d'une altitude plus basse, ne sont pas aussi humides.

Les espèces végétales dont les noms suivent ne se trouvent guère en dehors de la section morvandelle. Ce sont :

Le Genêt à balais (*Sarothamnus scoparius*, Koch).

La Digitale pourprée (*Digitalis purpurea*, L.).

La Lychnide à fleurs rouges (*Melandrium sylvestre*, Rœhl.).

La fougère Femelle (*Asplenium Filix-femina*, Bernh.).

La Bruyère *Calluna vulgaris*, Salisb.).

Le Bouleau (*Betula alba*, L.).

L'Aulne (*Alnus glutinosa*, L.).

Le Houx (*Ilex aquifolium*, L.), qui n'est pas spécial au Morvan, mais qui s'y montre plus abondant et plus développé;

---

(1) Les roches éruptives, formant en quelque sorte l'ossature de l'arrondissement et plongeant vers le N.-O., il est naturel que cette ossature soit mise à nu sur plusieurs points par les érosions aqueuses et les dislocations des roches, et que le squelette éruptif apparaisse sur les bords du Morvan, qu'il prolonge irrégulièrement; c'est ce qui explique l'enchevêtrement qu'on remarque sur les limites de la 1re et de la 2e section.

Et un Lichen particulier aux roches quartzeuses (*Umbilicaria pustulata*, Hoffm.).

Dans le canton de Saulieu, on remarque en plus :
Osmonda regalis, L., *Blechnum Spicant*, Roth.

La Balsamine (*Impatiens noli tangere*, L.), l'Airelle (*Vaccinium Myrtillus* L.), et, sur les points élevés, *Arnica montana*, L.

Dans les lieux marécageux ou humides : Le Narcisse jaune (*Narcissus Pseudo-Narcissus*, L.), plusieurs Linaigrettes : (*Eriophorum latifolium*, Hopp ; *E. vaginatum*, L., et *E. gracile*, Koch).

Dans les étangs : le Nénuphar à fleurs blanches (*Nymphæa alba*, L.), qui existe aussi sur les plateaux calcaires, dans les eaux tranquilles de la 4e section (Lucenay-le-Duc).

II. — *Plateau inférieur de l'Auxois.*

Ce plateau, un peu ondulé, est situé principalement au Nord et à l'Est du Serein, au Nord, à l'Est et au Sud de l'Armançon.

Il est compris, pour la plus grande partie, entre la section morvandelle et les collines qui l'entourent, d'une demi-ceinture en forme de croissant depuis les environs de Vitteaux jusqu'à Avallon (Yonne). Ces collines se ramifient vers le Sud et commencent au tertre de Thil pour se continuer dans le canton de Pouilly, entre l'Armançon et le Serein.

Il renferme : 1° La vallée d'Epoisses, séparée par le cours du Serein de la Terre-Plaine, prolongement du plateau inférieur à l'Ouest, dans l'arrondissement d'Avallon ;

2° La vallée de Semur à Saint Euphrône et Braux ;

3° La vallée de Saint-Thibault, de Pont-Royal à Verchisy ; canton de Vitteaux ;

4° La petite vallée de Braux s'étendant à Marcilly et Dracy, et la vallée de Fontangy, cantons de Vitteaux et de Précy.

5° Et, en outre, les parties voisines du Morvan et quelquefois enclavées dans la section morvandelle.

Tels sont : les vallons de Genouilly et de Roilly, dans le canton de Précy, et ceux de Courcelles et d'Athie, dans les cantons de Semur et de Montbard.

Nous n'y réunirons pas les vallons latéraux dans lesquels coulent la Lochère, la Brenne, l'Oze et l'Ozerain, etc.; car, bien que ces vallons participent, dans une certaine mesure, de la nature des terrains de la 2me section, ils sont, en grande partie, formés d'alluvions anciennes et récentes, plus ou moins marneuses, ou des glissements de terres et de roches descendus des coteaux et des plateaux supérieurs.

Sauf quelques enclaves de peu d'importance appartenant aux terrains de la 1re et de la 3e section, ce plateau inférieur est constitué par un *Limon* alumineux et ferrugineux connu dans le pays sous le nom de *Cran* ou de *Mâchefer*.

Le Mâchefer, duquel on extrait du *Phosphate de chaux tribasique* pour les besoins de l'agriculture, s'est formé par dissolution superficielle du calcaire à gryphées arquées (Lias inférieur), appelé aussi Pierre-Noire par les habitants. Lessivé par les eaux acides, ce calcaire a perdu la plus grande partie de son carbonate de chaux, tout en conservant de petits nodules et même des veines de fer hydraté et des rognons de phosphate de chaux.

Il constitue un sol arable d'une profondeur de 50 centimètres à 4 mètres, et il n'est effervescent qu'au contact et à l'affleurement du calcaire à gryphées arquées. C'est presque toujours une terre forte, très alumineuse. Les aubues d'origine granitique, dont nous avons déjà parlé, le recouvrent encore par endroits (vallées d'Epoisses et de Roilly) d'un manteau superficiel.

Les prairies naturelles sont assez nombreuses dans la

2e section, mais elles sont assez rarement irriguées. Les bois couvrent moins d'espace que dans la section morvandelle.

Les plantes caractéristiques de ce niveau paraissent manquer.

L'altitude moyenne du plateau inférieur de l'Auxois est de 250 mèt. à 320 mèt. environ.

III. — *Coteaux liasiques.*

La 3e section comprend les coteaux *liasiques*, dont la plus grande partie forme la ceinture demi-circulaire de la 2e section, et dont l'autre partie est formée de chaînons accessoires qui séparent la vallée du Serein de celle de l'Armançon et de ceux qui séparent les cours de la Brenne, de l'Ozerain et de l'Oze, de celle de l'Armançon.

Les coteaux *liasiques*, couronnés par les plateaux de la 4e section et appelés *Larrés* dans les cantons de Vitteaux, Flavigny et Semur, s'étendent de la base des pentes presque jusqu'à leur sommet et comprennent les terrains du Lias moyen et du Lias supérieur. Ils sont constitués par une terre forte assez marneuse. La base est ordinairement jaunâtre et même blanchâtre à la surface, quelquefois ocreuse, quelquefois bleuâtre. C'est le niveau d'un calcaire marneux exploité comme *ciment* et *chaux hydraulique* dans la vallée des Laumes et jusqu'à Pouilly (1), et qu'on appelle *ciment de Venarey*.

Puis, en montant la côte, on rencontre une puissante assise de marnes feuilletées et micacées.

Plus haut encore, on trouve des bancs d'une roche calcaire entrecoupée de *Marnes*. A ce niveau, la roche, appelée

---

(1) L'ancien ciment de Pouilly, actuellement abandonné, appartenait à un niveau bien inférieur (*étage Rhétien ou Trias supérieur*).

calcaire à gryphées géantes, est gélive et de couleur roussâtre.

Le cordon que forme la *gryphée géante* termine, aux deux tiers de la pente des Coteaux, les Strates du Lias moyen, et, par le Bourrelet qu'il forme, il donne un excellent horizon géologique.

Puis vient au-dessus le Lias supérieur, qui manque quelquefois comme à la montée de Villenotte, sur le plateau de Magny-la-Ville, etc.

Le Lias supérieur, dont la pente est moins prononcée que celle du Lias moyen par l'effet de la saillie que produit le calcaire à gryphées géantes en faisant obstacle aux glissements, est encore composé d'une masse de marnes d'une grande épaisseur, avec intercalation de petits lits de calcaire marneux (1).

Ces marnes du Lias supérieur, quelquefois schisteuses, moins calcaires et plus glissantes que celles du Lias moyen, portent par endroits, surtout au voisinage des plateaux de la 4ᵉ section, un revêtement pierreux et souvent rocheux tombé de ces plateaux.

Ces débris, qu'on trouve en moins grand nombre sur le Lias moyen, augmentent la fertilité des coteaux quand les éboulis sont de menue grosseur, en divisant mécaniquement les marnes et en y ajoutant du calcaire; mais quand ils sont trop gros, accumulés ou soudés par un *ciment calcaire*, ils rendent presque stériles les sommets des coteaux, qui se couvrent souvent de broussailles et de plantes propres à la 4ᵉ section.

Dans le nord de l'arrondissement, où les coteaux appelés Larris ne sont plus marneux par l'effet d'abaissement, au-

---

(1) C'est vers la base du Lias supérieur qu'on exploite, dans l'Avallonnais, un excellent ciment connu sous le nom de *ciment de Vassy*.
Ce ciment est peu développé dans l'arrondissement de Semur.

dessous des vallées, des strates du Lias moyen et du Lias supérieur, les pentes sont formées par des bancs de roches calcaires, et, par endroits, recouvertes de débris de roches et même de sables calcaires déposés en stratification oblque et provenant des plateaux supérieurs (Rougemont — base de la forêt de Chaumour); et ces *larris* portent une flore distincte propre aux plateaux supérieurs (1).

Dans les parties libres d'éboulis des cantons de Précy, de Semur, de Vitteaux, de Flavigny et du nord du canton de Montbard, la surface des coteaux marneux s'ameublit sous l'influence des agents atmosphériques. Elle tend continuellement à descendre par entraînement ou glissement, mais elle se renouvelle aux dépens du sous-sol.

La 3ᵉ section contient des prairies naturelles assez nombreuses, surtout sur le trajet des ruisseaux.

Quand les coteaux sont exclusivement marneux, ils fournissent, vers le sommet, un niveau de sources quelquefois abondantes et toujours limpides. Ces sources ont pour cause la chute des eaux météoriques sur les plateaux de la 4ᵉ section, lesquelles, filtrant dans les fissures des roches des plateaux, sont arrêtées par l'imperméabilité des marnes et obligées de sortir au-dessus de ces marnes.

Les coteaux *liasiques* se répètent de chaque côté des chaînons qui se détachent des plateaux supérieurs et qui sont découpés par les cours d'eau, principalement dans les cantons de Précy, Vitteaux et Flavigny.

Parmi les plantes spéciales aux coteaux marneux, nous citerons :

L'Arrête-bœuf à fleurs jaunes (*Ononix natrix*, L.);

---

(1) Il ne faut pas confondre les *Larrés*, essentiellement marneux, avec les *Larris*, qui forment les pentes sèches et pierreuses de nature calcaire.

La Jacinthe à grappe (*Muscari racemosum*, Mill.);
L'Iris fétide (*Iris fœtidissima*, L.), etc.
La végétation forestière y est peu développée.

L'altitude de la 3ᵉ section (Lias moyen et supérieur) varie du Sud au Nord entre 400 et 200 mètres environ. Cette différence a pour cause l'inclinaison générale du terrain vers le N.-O.; aussi, dès qu'on descend vers Montbard, le niveau des marnes du Lias supérieur tombe au Talweg de la Brenne.

IV. — *Plateaux calcaires supérieurs.*

Dans les cantons de Semur, de Précy, de Vitteaux et de Flavigny, et aussi dans le nord du canton de Montbard, les plateaux se divisent en deux parties.

A — La première partie, qui commence sur le bord ruiniforme des sommets, est formée de terrains appelés ordinairement *calcaire à entroques* (Oolithe inférieure ou Etage Baocien).

Le sol en est fréquemment rougeâtre avec une pente peu accentuée vers les vallées.

B — La deuxième partie, située plus haut, se présente sous la forme de monticules arrondis et disjoints qui occupent les sommets et qui sont connus sous le nom de *hauteaux*. Ces hauteaux, appartenant à la base de l'Etage *Bathonien*, donnent, par l'imperméabilité des marnes qui sont à leur partie inférieure, un second niveau de sources assez faibles et d'une qualité médiocre dans le sud de l'Auxois, plus abondantes vers le Nord-Est (sources de la Seine), mais d'un débit considérable et à l'état de *Douies* sur les arrondissements de Châtillon et de Dijon, où elles occupent un niveau plus bas. Ils constituent, en allant de bas en haut, la *Terre à foulon* (*Fuller's earth* des Anglais).

C'est un sol marneux à la base et pierreux au-dessus, d'une fertilité médiocre.

Dans la partie septentrionale du canton de Montbard, le calcaire à entroques et la Terre à Foulon existent encore, mais le Fuller's earth, au lieu d'être divisé en mamelons, est disposé en surfaces régulières. Ces deux étages occupent la base des pentes, appelées *Larris* dans le pays, en raison de l'abaissement général des terrains vers le N.-O., et sont surmontés vers le sommet, par d'autres roches calcaires appartenant encore à l'étage Bathonien, dont la principale et la plus étendue est l'*Oolithe Blanche*.

Les pentes et les plateaux du nord du canton de Montbard ont un sol maigre de nature calcaire; dans les autres parties de l'arrondissement, les plateaux seuls sont secs et rocailleux.

Les surfaces cultivées n'y sont ni aussi continues ni aussi abondantes que dans les autres sections.

Les forêts n'y occupent que des surfaces éparses, mais quelquefois considérables (Grand-Jailly).

Les prairies naturelles manquent en dehors du trajet des cours d'eau toujours encaissés, et ne donnent pas, quand elles existent, de fraîcheur aux parties élevées.

L'altitude des plateaux au-dessus des pentes varie du S. au N. de 550 à 250 mètres environ.

Parmi les plantes des plateaux supérieurs, des éboulis et des pentes (*Larris*), nous signalerons :

La Gentiane jaune (*Gentiana lutea*, L.); — la Clématite (*Clematis Vitalba*, L.); — le Cerisier Mahaleb (*Cerasus Mahaleb*, L.); — deux Daphnés (*Daphne Laureola*, L., et *D. Mezereum*, L.); — la Mercuriale vivace (*Mercurialis perennis*, L.); — l'Aspérule odorante (*Asperula odorata*, L.); — la Belladone (*Atropa Belladona*, L.), commune au bois de Chaumour, etc., etc.

Sur le calcaire à entroques seulement :

Le Petit-Chêne (*Teucrium Chamœdrys*), L.); — le Genêt rampant (*Cytisus decumbens*, Walp).

Sur les hauteaux :

La Gentiane violette (*Gentiana Germanica*, Willd).

Sur l'Oolithe blanche :

Le Cornouiller à fruits rouges (*Cornus mas*, L.), — l'Alisier (*Sorbus Aria*, Crantz).

La 4° section contient peu de sols profonds, mais souvent de grandes surfaces gazonnées ; la culture n'y prospère que par endroits où la terre arable est plus ou moins épaisse.

J.-J. COLLENOT,

Officier d'Académie, Membre de la Société géologique de France, Président de la Société des Sciences historiques et naturelles de Semur, etc., etc.

Semur, le 16 décembre 1884.

EXPLICATION DES SIGNES ET DES ABRÉVIATIONS

Employés dans la Flore.

⊙ Plante *annuelle*.
⊙ Plante *bisannuelle*.
♃ Plante *vivace* (à tige herbacée).
♄ Plante *ligneuse* (vivace, à tige ligneuse).

! Signe de certitude. — Ce signe, après l'indication d'une localité, marque que j'y ai trouvé la plante moi-même.

Placé après le nom de l'un de mes collaborateurs, il signifie que j'ai reçu de ce dernier des échantillons de la plante trouvée à la station indiquée.

L'absence du signe de certitude indique que la station est citée d'après la Flore de M. Royer, et que tout le mérite de la découverte revient au botaniste dont le nom suit.

? Signe de doute. — Ce signe, placé après un nom de localité, signifie que la plante a été signalée autrefois par le botaniste cité, mais que, en dépit des nombreuses recherches des botanistes modernes, elle n'a pu être retrouvée à la station indiquée et semble avoir disparu de l'arrondissement de Semur.

Employé isolément, c'est-à-dire sans indication de localité, il marque que la plante n'a pas encore été récoltée dans l'arrondissement de Semur, mais qu'on peut espérer l'y rencontrer.

+ Ce signe indique que la plante n'est pas indigène, mais simplement acclimatée ou cultivée en grand dans l'arrondissement.

C indique que la plante est *commune* dans l'arr. de Semur ;
AC » *assez commune* »
CC » *très commune* »
CCC » *excessivement commune* »
R » *rare* »
AR » *assez rare* »
RR » *très rare* »
RRR » *excessivement rare* »

Chaque plante a reçu un nom de *genre* et un nom d'*espèce*, lesquels sont inséparables. Les auteurs, par un zèle poussé à l'excès, ont tellement multiplié ces noms, qu'il règne aujourd'hui une grande confusion dans les dénominations de certaines plantes : on rencontre, en effet, des espèces qui ont 4, 5, 6 noms différents et même davantage.

Pour prévenir toute erreur, pour éviter toute confusion, il est nécessaire d'ajouter au nom de la plante celui de l'auteur qui l'a dénommée.

Si ce nom est bien connu, il s'indique ordinairement par une initiale ; s'il l'est moins, par quelques lettres ; s'il ne l'est guère ou pas du tout, on l'écrit en entier. Ainsi : L. signifie *Linné*, D. C. *De Candolle*, Lmk. *Lamarck*, etc.

OBSERVATION

Les Préliminaires qui suivent ne sont destinés qu'à préciser le sens des principaux termes employés dans l'Analyse des Classes ; car j'ai supposé le lecteur en possession des premiers éléments de la Botanique.

Ce mince bagage, ajouté à une forte dose de bonne volonté, suffit amplement pour atteindre le but que l'on se propose.

PRÉLIMINAIRES

On appelle plante *phanérogame* toute plante présentant de véritables fleurs pourvues d'étamines et de pistils ou de l'un ou l'autre de ces organes.

On appelle plante *cryptogame* toute plante dépourvue tout à la fois d'étamines et de pistils.

Les fleurs sont *disjointes* quand on leur reconnaît au moins un des caractères suivants : 1° *Corolle polypétale;* — 2° *non réunies en grand nombre dans un involucre commun;* — 3° *anthères libres et nullement réunies en forme de gaîne.*

> NOTA. — Les Graminées et les Cypéracées, qui rentrent dans la catégorie des fleurs disjointes, font l'objet d'une classification spéciale sous le nom de *Glumacées.* (Voyez ce mot.)

Les fleurs *conjointes* ont une corolle *monopétale*, sont réunies en grand nombre dans un *involucre commun*, et leurs anthères sont comme *soudées*, de manière à former une *gaîne* à travers laquelle passe le style (Pissenlit, Seneçon, Pâquerette, etc.).

Les fleurs *glumacées* sont celles qui sont séparées par des paillettes sèches et toujours redressées, qu'on nomme *balles (glumes et glumelles)*, et qui tiennent lieu de calice et de corolle. De plus, dans les plantes à fleurs glumacées, les feuilles sont toujours engaînantes (Blé, Orge, Avoine, etc.).

Une fleur est dite *hermaphrodite* quand elle a à la fois un *pistil* et des *étamines*.

Elle est *unisexuelle* quand il lui manque ou le *pistil* ou les *étamines*. De plus, elle est *monoïque* lorsque sur le même pied il y a des fleurs à *étamines* (fleurs staminées) et des fleurs à *pistil* (fleurs pistillées); et *dioïque* lorsque les fleurs staminées et les fleurs pistillées sont sur des pieds différents.

Une fleur est *périanthée* lorsqu'elle a *calice* et *corolle* ou l'un des deux; elle est dite *apérianthée* ou *nue* lorsque le pistil ou les étamines n'ont aucune espèce d'enveloppe.

On appelle *ovaire* la partie inférieure du pistil, parce qu'elle doit renfermer les graines, qu'on regarde à juste titre comme les œufs de la plante. L'ovaire est dit *supère* lorsque la corolle l'environne sans être attachée à sa partie supérieure; dans ce cas, il est toujours entièrement visible au fond de la fleur et libre de toute adhérence avec le tube du calice. L'ovaire est *infère* lorsqu'il est soudé avec le tube du calice et que la corolle est attachée à sa partie supérieure; l'ovaire infère est toujours caché sous la corolle.

NOTA. — Pour bien juger de sa position, il est bon de fendre la fleur en long.

Une fleur est à *périanthe double* quand elle a *calice* et *corolle*; elle est dite à *périanthe simple* si l'un des deux fait défaut.

On entend par *réceptacle* l'extrémité dilatée du pédoncule.

REMARQUES. — Les plantes que l'on veut analyser doivent être cueillies dans les champs, les bois, les prés, etc., et non dans les jardins, parcs ou parterres.

Il faut avoir soin de récolter, autant que possible, la plante entière, c'est-à-dire avec sa racine.

Si la plante est trop grande, on en détache un rameau fleuri auquel on a soin d'ajouter quelques feuilles voisines de la racine.

L'échantillon le plus convenable pour l'étude serait celui qui porterait des boutons, des fleurs épanouies et des fruits bien formés.

ANALYSE DES CLASSES

1	Plante phanérogame	2
	Plante cryptogame	14e classe.
2	Fleurs disjointes	3
	Fleurs conjointes	12e classe.
	Fleurs glumacées	13e classe.
3	Fleurs hermaphrodites	4
	Fleurs unisexuelles	12
4	Fleurs périanthées	5
	Fleurs apérianthées ou nues	9e classe.
5	Ovaire supère	6
	Ovaire infère	11
6	Fleurs à périanthe double	7
	Fleurs à périanthe simple	6e classe.
7	Plus de 10 étamines	8
	10 étamines ou moins	9
8	Pétales insérés sur le réceptacle ..	1re classe.
	Pétales insérés sur le calice	2e classe.
9	Corolle polypétale	3e classe.
	Corolle monopétale	10
10	Corolle régulière	4e classe.
	Corolle irrégulière	5e classe.
11	Corolle polypétale *ou* périanthe polyphylle	7e classe.
	Corolle monopétale *ou* périanthe monophylle	8e classe.
12	Fleurs monoïques	10e classe.
	Fleurs dioïques	11e classe.

EMPLOI DES CLEFS ANALYTIQUES

Rien n'est plus facile que de trouver à quelle *classe* appartient la plante que l'on a sous les yeux.

EXEMPLES :

Je suppose que le lecteur ait à étudier les fleurs dont les noms suivent et que tout le monde connaît :

Primevère, Sauge, Œillet, Fraisier, Pavot, Muguet, Chèvrefeuille, Persil, Frêne, Blé, Pissenlit, Noisetier, Chanvre.

Primevère. — La fleur de la primevère ayant *pistil* et *étamines* appartient à une plante *phanérogame :*

On passe à l'accolade suivante.

La deuxième accolade réunit trois phrases entre lesquelles on a à choisir, d'après les caractères de la fleur.

2 { Fleurs disjointes............... 3
Fleurs conjointes.
Fleurs glumacées.

La Primevère ayant : 1º ses fleurs non réunies en grand nombre dans un involucre commun ; 2º ses anthères libres et nullement réunies en forme de gaîne ; 3º des enveloppes florales tout à fait différentes de celles du blé ou de l'avoine ; est une plante à fleurs *disjointes*, ce qui conduit au nº 3.

3 { Fleurs hermaphrodites.......... 4
Fleurs unisexuelles.

La Primevère a un pistil et des étamines : ses fleurs sont donc *hermaphrodites*, et l'on passe au nº 4.

Le nº 4 donne à choisir entre *Fleurs périanthées* et *Fleurs apérianthées* ou *nues*. La belle corolle de la Primevère ne laissant aucun doute à cet égard, on passe au nº 5.

Ici, pas d'indécision possible : l'ovaire est bien dans la corolle et non au-dessous, et l'on va au nº 6.

Le nº 6 étant consulté, on convient que la Primevère a un *périanthe double,* puisqu'elle a calice et corolle, et l'on passe au nº 7.

Le nº 7 oblige à compter les étamines, que l'on trouve au nombre de 5. On adopte la phrase *10 étamines ou moins*, ce qui conduit au nº 9.

Le nº 9 fait remarquer que la corolle de la Primevère est bien *monopétale*, et l'on arrive au nº 10.

10 { Corolle régulière......... 4º classe.
Corolle irrégulière......... 5º classe.

Cette corolle n'ayant rien d'irrégulier, on en conclut que la plante appartient à la *4ᵉ Classe.*

Sauge. — En suivant la même voie que pour la primevère, on parvient au n° 10, où l'on décide que la Sauge a une corolle irrégulière et fait partie de la *5ᵉ Classe.*

Œillet. — La plante en main, le livre sous les yeux, dites : *Fleurs disjointes. — Fleurs hermaphrodites. — Fleurs périanthées. — Ovaire supère. — Fleurs à périanthe double. 10 étamines ou moins. — Corolle polypétale..   3° Classe.*

Fraisier. — *Fleurs disjointes. — Fleurs hermaphrodites. — Fleurs périanthées. — Ovaire supère. — Fleurs à périanthe double. — Plus de 10 étamines. — Pétales insérés sur le calice ....   2° Classe.*

Pavot. — *Fleurs disjointes. — Fleurs hermaphrodites. — Fleurs périanthées. — Ovaire supère. — Fleurs à périanthe double. — Plus de 10 étamines. — Pétales insérés sur le réceptacle ....   1ʳᵉ Classe.*

Muguet. — *Fleurs disjointes. — Fleurs hermaphrodites. — Fleurs périanthées — Ovaire supère. — Fleurs à périanthe simple ....   6ᵉ Classe.*

Chèvrefeuille. — *Fleurs disjointes. — Fleurs hermaphrodites. — Fleurs périanthées. — Ovaire infère. — Corolle monopétale ....   8ᵉ Classe.*

Persil. — *Fleurs disjointes. — Fleurs hermaphrodites. — Fleurs périanthées. — Ovaire infère. — Corolle polypétale ....   7° Classe.*

Frêne. — *Fleurs disjointes. — Fleurs hermaphrodites. — Fleurs apérianthées ou nues ....   9ᵉ Classe.*

Blé. — *Fleurs glumacées ....   13ᵉ Classe.*

Pissenlit. — *Fleurs conjointes ....   12ᵉ Classe.*

Noisetier. — *Fleurs disjointes. — Fleurs unisexuelles. — Fleurs monoïques ....   10° Classe.*

Chanvre. — *Fleurs disjointes. — Fleurs unisexuelles. — Fleurs dioïques ....   11ᵉ Classe.*

C'est par une suite d'opérations semblables que l'on arrive à la *Section*, puis au *Genre* et enfin à l'*Espèce* de chaque plante analysée.

La méthode employée dans les clefs analytiques n'est point une classification proprement dite, comme on pourrait le croire, mais un système purement artificiel qui a pour but de conduire promptement au nom du genre de la plante étudiée. Les numéros entre parenthèses auxquels on est renvoyé se trouvent dans la seconde partie de l'ouvrage, qui comprend la totalité des plantes de l'arrondissement de Semur partagées en *familles* naturelles, en *genres*, puis en *espèces*. On aura donc, dans cette seconde partie, une *classification* rigoureusement exacte. D'ailleurs, j'ai suivi l'ordre adopté par MM. Cosson et Germain-de-Saint-Pierre dans leur excellente Flore des environs de Paris.

On rencontre souvent des plantes dont les caractères ne paraissent pas très bien tranchés, et c'est avec doute que le jeune botaniste, le commençant surtout, les admet dans telle ou telle classe, dans telle ou telle section. Je m'empresse de prévenir le lecteur que, pour éviter toute erreur dans l'analyse de ces plantes, je fais figurer chacune d'elles non-seulement dans la classe et la section qui lui sont propres, mais encore dans toutes celles auxquelles elle semble appartenir.

EXERCICES PRÉPARATOIRES
à l'usage des Tables analytiques.

OBSERVATION IMPORTANTE

Le nombre des étamines, des ovaires, des pétales, etc., offre souvent des variations qui pourraient induire l'étudiant en erreur.

Ainsi telle fleur a 10 étamines, tandis que telle autre du même pied n'en aura que 8 ou 7, ou même moins encore;

telle corolle renferme 3 ou 4 ovaires, tandis que telle autre du même rameau n'en contiendra qu'un seul, etc., etc.

Ces organes pouvant être atrophiés en partie, il faut donc avoir bien soin, avant de se prononcer, de consulter un certain nombre de fleurs de la plante que l'on veut analyser.

I

Vous trouvez une plante ayant les caractères suivants :

Fleurs régulières, d'un beau jaune d'or, disjointes, ayant de nombreux ovaires dans la corolle et plus de 10 étamines à filets libres de toute soudure; calice à 3 sépales et corolle à 6, 7 ou 8 pétales plans insérés sur le réceptacle et à onglet muni d'une fossette nectarifère.

Cette plante, en fleurs au mois d'avril, croît au bord des ruisseaux. Vous vous proposez de la *déterminer*, c'est-à-dire d'en trouver les noms *générique* et *spécifique*, ainsi que celui de la *famille* à laquelle elle appartient.

La « *Flore de l'arrondissement de Semur* » devant être votre seul guide, vous l'ouvrez à la page 31, et vous dites:

Plante *phanérogame* à fleurs *disjointes*, *hermaphrodites*, *périanthées;* ovaire *supère*, périanthe *double*, plus de 10 étamines, pétales insérés sur le *réceptacle*....... 1re classe.

Vous allez à la 1re classe, page 32, et vous lisez attentivement l'analyse des *Sections* en adoptant les phrases suivantes, qui conviennent à la plante que vous avez sous les yeux :

1 { ....
  { Filets des étamines libres............ 2

2 { ....
  { Fleurs régulières 3

3 { ....
  { Plusieurs ovaires, ordinairement nombreux et ramassés............... *1re section*.

Vous êtes renvoyé à la 1re section, page 32 ; vous lisez attentivement l'analyse des *Genres*, en disant :

1 {	....	
	Tous les pétales plans	2
2 {	....	
	Calice à 5 divisions, ou moins........	4
4 {	....	
	Onglets des pétales distingués par une petite glande...................	5
5 {	....	
	Calice à 3 sépales, rarement 4........ FICARIA (7)	

Vous voyez par là que votre plante porte le nom de *Ficaria* et qu'elle occupe le 7° rang dans la suite des genres (1).

Allez à ce numéro et vous verrez : que le nom français de la plante est *Ficaire;* qu'elle est de la famille des Renonculacées; qu'elle n'a qu'une seule espèce qui est la Ficaire Renoncule; qu'elle est *vivace,* qu'elle fleurit depuis le mois de *mars* jusqu'au mois de *mai;* qu'elle est excessivement commune dans l'arrondissement de Semur, et qu'on la rencontre habituellement dans les prés et les bois humides.

(1) Comme il a été dit plus haut, la seconde partie de l'ouvrage contient les *genres* groupés par *familles* et divisés en *espèces*. Chaque genre y est précédé d'un numéro d'ordre placé entre parenthèses et indiquant le rang qui lui est assigné dans la classification naturelle adoptée.

Au retour des herborisations, il est d'usage de joindre à chaque échantillon une étiquette renfermant des indications précises sur le lieu et la date de la récolte, la nature du terrain, le degré d'abondance ou de rareté, etc.

A l'aide de la première partie de la *Flore,* il sera très facile d'ajouter aussitôt le nom du genre, que l'on fera suivre de son numéro d'ordre. De cette façon, toutes les espèces d'un même genre se trouveront groupées sous une même enveloppe, et l'on facilitera ainsi, par un classement préparatoire des plus simples, ces longs et fréquents remaniements d'herbier qui font perdre au botaniste un temps précieux.

II

En passant auprès d'une vieille muraille, vous apercevez, enracinée dans les interstices des pierres moussues, une plante en fleurs, à odeur fétide, à suc jaune, que vous vous hâtez d'arracher pour la déterminer. Cette plante vous offre les caractères suivants :

Fleurs jaunes, en ombelle, régulières ; corolle à 4 pétales insérés sur le réceptacle ; calice à 2 sépales ; un seul ovaire très long, entièrement dans la corolle ; plus de 10 étamines, à filets libres. Feuilles découpées, d'un vert glauque.

Vous ouvrez la « Flore », que vous consultez dans l'ordre suivant :

1re OPÉRATION. — Recherches dans l'*Analyse des Classes* ou dans le *Tableau synoptique des Classes* ;
D'observations en observations, vous êtes conduit à........................... 1re CLASSE.

2e OPÉRATION. — Recherches dans l'*Analyse des Sections* :
Vous passez à : 2, 3................... 2e section.

3e OPÉRATION. — Recherches dans l'*Analyse des Genres* :
Vous adoptez : 2, 3, 4, 5....... CHELIDONIUM *(57)*.
Allez au n° (57) et lisez tout ce qui s'y rapporte : votre plante est *déterminée*.

> NOTA. — Dans le plus grand nombre des cas, pour passer du *Genre* à l'*Espèce*, une 4e *opération* est nécessaire : il faut lire attentivement les phrases dichotomiques qui suivent le nom du *Genre*, et le numéro d'ordre auquel on est renvoyé indique tout ce qui concerne l'*Espèce* dont on a un échantillon entre les mains.

TABLEAU SYNOPTIQUE DES CLASSES

PLANTES
- PHANÉROGAMES A FLEURS :
  - DISJOINTES
    - HERMAPHRODITES
      - PÉRIANTHÉES
        - OVAIRE SUPÈRE
          - PÉRIANTHE DOUBLE
            - Plus de 10 étamines.
              - Pétales insérés sur le réceptacle .... 1re Classe.
              - Pétales insérés sur le calice .... 2e Classe.
            - 10 étamines ou moins.
              - Corolle polypétale ..... 3e Classe.
              - Corolle monopétale
                - Corolle régulière .. 4e Classe.
                - Corolle irrégulière . 5e Classe.
          - Fleurs à périanthe simple .. 6e Classe.
        - Ovaire infère.
          - Corolle polypétale ou Périanthe polyphylle ...... 7e Classe.
          - Corolle monopétale ou Périanthe monophylle ..... 8e Classe.
        - Apérianthées ou nues .... 9e Classe.
      - Unisexuelles.
        - Monoïques .... 10e Classe.
        - Dioïques .... 11e Classe.
    - Conjointes .... 12e Classe.
  - Glumacées .... 13e Classe.
- Cryptogames .... 14e Classe.

PREMIÈRE PARTIE

PREMIÈRE CLASSE

Plantes phanérogames à fleurs disjointes, hermaphrodites; ovaire supère, périanthe double; plus de 10 étamines, pétales insérés sur le réceptacle.

ANALYSE DES SECTIONS

1. { Filets des étamines réunis dans la plus grande partie de leur longueur en forme de colonne.......... 4° Section.
   { Filets des étamines libres et nullement réunis en forme de colonne............................ 2

2. { Fleurs régulières ou presque régulières........... 3
   { Fleurs très irrégulières (pétales ou sépales non symétriques)............................ 3° Section.

3. { Un seul ovaire très simple.................... 2° Section.
   { Plusieurs ovaires, ordinairement nombreux et ramassés, ou un seul à divisions profondes.......... 1re Section.

PREMIÈRE SECTION
ANALYSE DES GENRES

1. { Tous les pétales plans........................ 2
   { Plusieurs pétales tubuleux, ou en cornets......... 7

2. { Calice à 5 divisions ou moins; feuilles non charnues. 4
   { Calice à plus de 5 divisions; feuilles charnues, succulentes................................ 3

3. { Feuilles ciliées................ SEMPERVIVUM *(127)*
   { Feuilles non ciliées.................. SEDUM *(126)*

4. { Onglets des pétales distingués par une petite glande nectarifère en cœur, une écaille ou une fossette.. 5
   { Onglets des pétales nus et n'ayant à leur base ni glande ni fossette.......................... 6

5. { Calice à 5 sépales................ RANUNCULUS *(6)*
   { Calice à 3 sépales, rarement 4.............. FICARIA *(7)*

6. { Feuilles toutes radicales................. ANEMONE *(3)*
   { Feuilles alternes...................... ADONIS *(4)*

PREMIÈRE CLASSE — DEUXIÈME SECTION

7 { 5 cornets fort grands et terminés chacun par un éperon saillant sous la fleur............ AQUILEGIA *(11)*
{ Pétales tubuleux, non saillants sous la fleur....... 8

8 { Ovaires soudés dans leur moitié inférieure; sépales bleuâtres........................... NIGELLA *(10)*
{ Ovaires un peu soudés inférieurement; sépales verdâtres, bordés de pourpre........... HELLEBORUS *(9)*

DEUXIÈME SECTION

ANALYSE DES GENRES

1 { Calice à 2 sépales......................... 2
{ Calice à plus de 2 sépales.................. 6

2 { Feuilles profondément découpées, dentées ou sinuées. 3
{ Feuilles simples et très entières........ PORTULACA *(118)*

3 { Fleurs rouges ou violacées............... PAPAVER *(56)*
{ Fleurs jaunes............................. 4

4 { Capsule ovoïde..................... MECONOPSIS *(59)*
{ Capsule linéaire en forme de silique.............. 5

5 { Fleurs en ombelle................... CHELIDONIUM *(57)*
{ Pédoncules uniflores.................. GLAUCIUM *(58)*

6 { Arbre élevé............................ TILIA *(44)*
{ Plante herbacée.......................... 7

7 { Feuilles ailées..................... ACTÆA *(14)*
{ Feuilles simples et entières.................... 8

8 { Feuilles petites, sessiles ou brièvement pétiolées.... 9
{ Feuilles très grandes, toutes radicales et longuement pétiolées; plante aquatique.................. 12

9 { Calice à 5 sépales, dont 2 extérieurs et très petits... 10
{ Calice à 5 sépales égaux ou presque égaux et insérés sur un même plan........................ 11

10 { Feuilles opposées............... HELIANTHEMUM *(89)*
{ Feuilles alternes ou éparses............... FUMANA *(90)*

11 { Plante aquatique couchée-radicante, tomenteuse-blanchâtre, à fleurs pourvues de glandes pétaloïdes entre les étamines.................... HELODES *(49)*
{ Plante non tomenteuse-blanchâtre, à fleurs dépourvues de glandes pétaloïdes ....: HYPERICUM *(48)*

DEUXIÈME CLASSE — PREMIÈRE SECTION

12 { Calice à 4 sépales ; fleurs blanches......... NYMPHÆA *(54)*
   { Calice à 5 sépales ; fleurs jaunes............ NUPHAR *(55)*

TROISIÈME SECTION

ANALYSE DES GENRES

1 { Fleurs de moyenne grandeur, éperonnées ou en casque. 2
  { Fleurs petites, ni éperonnées, ni en casque, à pétales
  {   laciniés............................... RESEDA *(53)*

2 { Fleurs éperonnées.................. DELPHINIUM *(12)*
  { Fleurs en casque..................... ACONITUM *(13)*

QUATRIÈME SECTION

ANALYSE DES GENRES

1 { Calice extérieur (calicule) à trois lobes......... MALVA *(39)*
  { Calicule à plus de trois lobes............... ALTHÆA *(40)*

DEUXIÈME CLASSE

Plantes phanérogames à fleurs disjointes, hermaphrodites ; ovaire supère, périanthe double ; plus de 10 étamines ; pétales insérés sur le calice.

ANALYSE DES SECTIONS

1 { Un seul ovaire très simple................... 3ᵉ *Section.*
  { Plusieurs ovaires, ordinairement nombreux et ra-
  {   massés... 2

2 { Calice à 4 ou 5 sépales, muni d'un calicule ayant un
  {   nombre égal de divisions................... 1ʳᵉ *Section.*
  { Calice à 5 sépales, dépourvu de calicule.......... 2ᵉ *Section.*

PREMIÈRE SECTION

ANALYSE DES GENRES

1 { Fleurs blanches ou jaunes..................... 2
  { Fleurs rouges....................... COMARUM *(136)*

2 { Fleurs jaunes............................... 3
  { Fleurs blanches.............................. 4

DEUXIÈME CLASSE — TROISIÈME SECTION

3 { Ovaires surmontés de styles fort longs et genouillés au sommet .... GEUM *(134)*
  { Ovaires nus ou surmontés de styles fort courts .... POTENTILLA *(137)*

4 { Réceptacle grand et arrondi; fruit charnu, succulent; base de la tige produisant des rejets longs, filiformes et traçants..................... FRAGARIA *(135)*
  { Réceptacle petit; fruit non charnu; base de la tige ne produisant aucun rejet remarquable.. POTENTILLA *(137)*

DEUXIÈME SECTION
ANALYSE DES GENRES

1 { Tige ligneuse et épineuse....................... 2
  { Plante herbacée ou bien tige ligneuse non épineuse........................... SPIRÆA *(132)*

2 { Carpelles très saillants dans la fleur.......... RUBUS *(133)*
  { Carpelles entièrement cachés dans le tube du calice ROSA *(138)*

TROISIÈME SECTION
ANALYSE DES GENRES

1 { Ovaire pédicellé; tige laiteuse .... EUPHORBIA *(376)*
  { Ovaire sessile; tige non laiteuse................. 2

2 { Calice à 2 sépales .... PORTULACA *(118)*
  { Calice à plus de 2 sépales..................... 3

3 { Tige herbacée .... LYTHRUM *(116)*
  { Tige ligneuse............................... 4

4 { Fleurs disposées en fascicules pluriflores (*Ombelles, corymbes ou grappes*)............... CERASUS *(129)*
  { Fleurs solitaires ou géminées 5

5 { Feuilles *roulées* longitudinalement avant leur complet développement; fleurs blanches ou blanches-rougeâtres; noyau lisse................ PRUNUS *(130)*
  { Feuilles *pliées* longitudinalement avant leur complet développement; fleurs d'un rose vif; noyau sillonné de fissures sur les faces........... AMYGDALUS *(131)*

TROISIÈME CLASSE

Plantes phanérogames à fleurs disjointes, hermaphrodites; ovaire supère, périanthe double; 10 étamines ou moins; corolle polypétale.

ANALYSE DES SECTIONS

1. { Ovaire, style ou stigmate unique, ou au nombre de 2 seulement............................ 2
   { Ovaires, styles ou stigmates toujours au-delà de deux 1ʳᵉ *Section*.
2. { Corolle régulière 3
   { Corolle irrégulière........................... 6ᵉ *Section*.
3. { 4 pétales ou moins........................... 4
   { 5 pétales ou plus............................ 2ᵉ *Section*.
4. { 6 étamines ou moins 5
   { 7 étamines ou plus.......................... 5ᵉ *Section*.
5. { 6 étamines................................. 4ᵉ *Section*.
   { Moins de 6 étamines......................... 3ᵉ *Section*.

PREMIÈRE SECTION

ANALYSE DES GENRES

1. { Un seul ovaire ou plusieurs réunis par leur sommet.. 2
   { Plusieurs ovaires très distincts ou seulement réunis par leur base................................ E
2. { Tige ligneuse............................... 3
   { Tige herbacée............................... 4
3. { Feuilles épineuses........................... ILEX *(201)*
   { Feuilles non épineuses .... RHAMNUS *(92)*
4. { Ovaire pédiculé; plante très laiteuse ..... EUPHORBIA *(376)*
   { Ovaire sessile ou presque sessile; plante non laiteuse. 5
5. { Calice à 2 sépales .... PORTULACA *(118)*
   { Calice monophylle ou à plus de 2 sépales........... 6
6. { 4 pétales ou moins........................... A
   { 5 pétales ou plus 7
7. { Ovaire surmonté d'un ou de plusieurs styles (*les stigmates sont pédiculés*)........................ 8
   { Ovaire dépourvu de style (*les stigmates sont sessiles*). D

TROISIÈME CLASSE — PREMIÈRE SECTION

8 { 5 styles, longuement soudés avant la maturité, de manière à n'en former qu'un seul.................. 9
　 Styles libres, c'est-à-dire entièrement distincts les uns des autres............................. 10

9 { 10 étamines, toutes fertiles............... GERANIUM *(37)*
　 10 étamines, dont 5 stériles, c'est-à-dire privées d'anthères........................... ERODIUM *(38)*

10 { 3 styles.................................. B
　 4 ou 5 styles........................... C

A

1 { Feuilles alternes.......................... RUMEX *(359)*
　 Feuilles opposées ou verticillées.............. 2

2 { 4 étamines................................ 3
　 6 ou 8 étamines........................... 4

3 { Tiges pauciflores; feuilles étroites et linéaires....... 5
　 Tiges multiflores; feuilles ovales, jamais linéaires RADIOLA *(34)*

4 { Tige garnie de plusieurs fleurs axillaires...... ELATINE *(32)*
　 Tige n'ayant qu'une seule fleur terminale....... PARIS *(411)*

5 { Tiges souvent gazonnantes, plus ou moins couchées ou diffuses, très rameuses; capsule à 4 dents... SAGINA *(24)*
　 Tiges droites ou peu divergentes, simples ou dichotomes; glabres glauques, ainsi que les feuilles; sépales largement scarieux aux bords; capsule à 8 dents CERASTIUM *(30)*

B

1 { Feuilles toutes ou la plupart radicales, couvertes de longs poils rouges et glanduleux......... DROSERA *(50)*
　 Tige feuillée............................... 2

2 { Calice à sépales soudés en tube, au moins dans leur moitié inférieure..................... SILENE *(19)*
　 Calice à sépales libres, ou seulement un peu soudés à la base................................. 3

3 { Feuilles munies de stipules scarieuses... SPERGULARIA *(22)*
　 Feuilles dépourvues de stipules.................. 4

4 { Pétales bifides ou bipartits.............. STELLARIA *(29)*
　 Pétales entiers ou à peine émarginés, ou irrégulièrement denticulés........................... 5

5 { Pétales denticulés-rongés, plus longs de moitié que les sépales; de 3 à 5 étamines........... HOLOSTEUM *(26)*
　 Pétales entiers ou à peine émarginés, plus courts que le calice; ordinairement de 8 à 10 étamines...... 6

TROISIÈME CLASSE — PREMIÈRE SECTION

6 { Feuilles linéaires, sétacées.................. ALSINE *(25)*
   { Feuilles ovales............................. 7

7 { Feuilles inférieures pétiolées; de 3 à 5 nervures apparentes .... MŒHRINGIA *(27)*
   { Feuilles toutes sessiles, à nervures peu apparentes........................... ARENARIA *(28)*

C

1 { Feuilles opposées ou verticillées............. 2
  { Feuilles alternes, éparses ou radicales 7

2 { Calice monophylle..................... LYCHNIS *(21)*
  { Calice polyphylle........................... 3

3 { Pétales bifides ou bipartits................... 4
  { Pétales entiers............................. 5

4 { Styles alternes avec les sépales; feuilles un peu en cœur, glabres; pétales profondément fendus jusqu'à l'onglet................ MALACHIUM *(31)*
  { Styles opposés aux sépales; feuilles ovales, non cordiformes, pubescentes; pétales plus ou moins bifides............................ CERASTIUM *(30)*

5 { Feuilles étroites, linéaires, sétacées 6
  { Feuilles ovales, nullement linéaires 8

6 { Feuilles munies de stipules scarieuses ...... SPERGULA *(23)*
  { Feuilles dépourvues de stipules............... SAGINA *(24)*

7 { Feuilles simples, entières..................... 8
  { Feuilles ternées .... OXALIS *(35)*

8 { Feuilles toutes ou la plupart radicales, couvertes de longs poils rouges et glanduleux...... DROSERA *(50)*
  { Tige feuillée; feuilles dépourvues de longs poils glanduleux............................ LINUM *(33)*

D

1 { Tige multiflore, couchée sur terre et feuillée; fleurs très petites.................... CORRIGIOLA *(120)*
  { Tige uniflore, droite, ne portant qu'une seule feuille vers son milieu; fleur assez grande, terminale PARNASSIA *(51)*

E

1 { Feuilles charnues, succulentes................ 2
  { Feuilles non charnues....................... 4

2 { 3 ou 4 étamines; feuilles connées............. 3
  { De 5 à 10 étamines; feuilles non connées...... SEDUM *(126)*

TROISIÈME CLASSE — DEUXIÈME SECTION

	Fleurs blanches, sessiles....................	TILLÆA *(124)*
3	Fleurs d'un blanc rosé, à pédicelles plus longs que les feuilles........................	BULLIARDA *(125)*
4	3 pétales..	5
	5 pétales..	6
5	6 étamines; feuilles ovales ou oblongues; calice non coloré et verdâtre.....................	ALISMA *(397)*
	9 étamines; feuilles très allongées; calice de la couleur des pétales..........................	BUTOMUS *(399)*
6	5 ovaires	GERANIUM *(37)*
	Ovaires très nombreux........................	7
7	Sépales prolongés en éperon au-dessous de leur insertion............................	MYOSURUS *(5)*
	Sépales non éperonnés à leur base.......	RANUNCULUS *(6)*

DEUXIÈME SECTION

ANALYSE DES GENRES

1	Tige ligneuse....................................	A
	Tige herbacée...................................	B

A

1	Tige sarmenteuse, grimpante et garnie de vrilles...	VITIS *(46)*
	Tige droite et dépourvue de vrilles...............	2
2	5 étamines ou moins...........................	3
	6 étamines ou plus.............................	4
3	Feuilles la plupart opposées, finement dentées; étamines alternant avec les pétales........	EVONYMUS *(45)*
	Feuilles ordinairement alternes et très entières; étamines opposées aux pétales.............	RHAMNUS *(92)*
4	Tige et rameaux garnis d'épines; feuilles fasciculées, simplement dentées...................	BERBERIS *(15)*
	Tige et rameaux dépourvus d'épines; feuilles opposées et lobées.................................	ACER *(43)*

B

1	Plante décolorée dans toutes ses parties, livide; feuilles réduites à des écailles	MONOTROPA *(47)*
	Plante munie de feuilles vertes....................	2
2	1 seul style et 1 seul stigmate.................	3
	2 styles ou 2 stigmates........................	6

TROISIÈME CLASSE — TROISIÈME SECTION

3 { Quelques feuilles caulinaires en manière de bractées squamiformes .... PYROLA *(52)*
   Tige garnie de véritables feuilles.................. 4

4 { Calice à 5 divisions profondes........ *4° Classe. — 2° Section.*
   Calice à 8-12 dents 5

5 { Feuilles allongées ; corolle purpurine très apparente..................... LYTHRUM *(116)*
   Feuilles arrondies ; corolle très petite, rose pâle, très peu apparente, à pétales très caducs....... PEPLIS *(117)*

6 { Feuilles opposées, au moins les inférieures 7
   Feuilles alternes..................... SAXIFRAGA *(192)*

7 { Pétales filiformes, très peu apparents............. 8
   Pétales très apparents 10

8 { Feuilles stipulées 9
   Feuilles dépourvues de stipules........ SCLERANTHUS *(123)*

9 { Fleurs d'un blanc de lait............. ILLECEBRUM *(122)*
   Fleurs verdâtres.................... HERNIARIA *(124)*

10 { Sépales soudés au moins dans leur moitié inférieure.. 11
    Sépales libres ou très peu soudés à la base. MŒHRINGIA *(27)*

11 { Calice en cloche..................... GYPSOPHILA *(16)*
    Calice en tube........................ 12

12 { Calice muni d'écailles à sa base........... DIANTHUS *(17)*
    Calice dépourvu d'écailles à sa base....... SAPONARIA *(18)*

TROISIÈME SECTION
ANALYSE DES GENRES

1 { Tige ligneuse .... A
   Tige herbacée............................. B

A

1 { Étamines alternant avec les pétales ; feuilles la plupart opposées, finement dentées............ EVONYMUS *(45)*
   Étamines opposées aux pétales ; feuilles ordinairement alternes et très entières................ RHAMNUS *(92)*

B

1 { Calice polysépale ; 4 sépales......... *3° Classe. — 4° Section.*
   Calice monosépale à 5 divisions, ou à 8-12 dents disposées sur deux rangs....................... 2

TROISIÈME CLASSE — QUATRIÈME SECTION

2 { Calice à 5 divisions disposées sur un seul rang ; 2 styles .... SCLERANTHUS *(123)*
Calice à 8-12 dents disposées sur deux rangs ; 1 seul style 3

3 { Feuilles allongées ; corolle purpurine, très apparente .... LYTHRUM *(116)*
Feuilles arrondies ; corolle très petite, rose pâle, très peu apparente, à pétales très caducs .... PEPLIS *(117)*

QUATRIÈME SECTION

ANALYSE DES GENRES

NOTA. — Pour l'étude des plantes de cette section, il faut choisir des échantillons ayant des fruits déjà avancés et avoir soin de ne pas confondre la silique proprement dite, qui est l'enveloppe des graines, avec le bec qui la termine souvent.

1 { Fruit au moins quatre fois plus long que large (*silique*)   I
Fruit presque aussi large que long, ou dont la longueur n'atteint pas quatre fois la largeur (*silicule*) II

I

1 { Fleurs jaunes ou jaunâtres 2
Fleurs blanches, blanchâtres, roses ou violacées 3

2 { Feuilles caulinaires amplexicaules .... A
Feuilles caulinaires non amplexicaules .... B

3 { Feuilles caulinaires amplexicaules ou à pétiole auriculé-embrassant C
Feuilles caulinaires non amplexicaules .... D

A

1 { Feuilles inférieures entières, sinuées ou dentées 2
Feuilles inférieures profondément découpées 4

2 { Fleurs d'un beau jaune ; silique comprimée, plus courte que son pédicelle .... ISATIS *(86)*
Fleurs d'un blanc jaunâtre ; silique au moins quatre fois plus longue que son pédicelle 3

3 { Plante velue inférieurement ; silique comprimée, serrée contre la tige .... TURRITIS *(68)*
Plante entièrement glabre, glaucescente ; silique tétragone .... ERYSIMUM *(70)*

TROISIÈME CLASSE — QUATRIÈME SECTION

4 { Calice à sépales très rapprochés lors de la floraison ; silique tétragone, à angles inégaux, au moins à la maturité.................... BARBAREA *(63)*
   { Calice à sépales plus ou moins étalés ; silique cylindrique ou bosselée, mais ne présentant pas sur toute sa longueur quatre angles bien formés...... 5

5 { Silique linéaire-allongée ; feuilles supérieures non découpées ; plante cultivée............... BRASSICA *(72)*
   { Silique linéaire-oblongue ; feuilles toutes pinnatifides ; plante spontanée.................. NASTURTIUM *(67)*

B

1 { Silique renflée-spongieuse ou noueuse et comme articulée ; pétales fortement veinés de violet ; sépales dressés, dont 2 bossus à la base........ RAPHANUS *(74)*
   { Plante ne présentant pas tous ces caractères réunis... 2

2 { Stigmate entier ou à peine échancré............... 3
   { Stigmate nettement divisé en deux lames CHEIRANTHUS *(62)*

3 { Silique nettement tétragone ; feuilles entières ou denticulées.................... ERYSIMUM *(70)*
   { Silique cylindrique ou presque cylindrique, ou bien feuilles profondément découpées............... 4

4 { Silique terminée par un bec long d'un demi-centimètre ou davantage *(qui commence où les graines finissent)* 5
   { Silique terminée par un bec très court ou nul...... 8

5 { Sépales étalés..................... 6
   { Sépales dressés 7

6 { Silique serrée contre la tige............... BRASSICA *(72)*
   { Silique étalée..................... SINAPIS *(73)*

7 { Plante hispide ; feuilles toutes pinnatipartites.... SINAPIS *(73)*
   { Plante glabre ; feuilles supérieures entières ou dentées..................... BRASSICA *(72)*

8 { Silique ovale-oblongue, n'atteignant pas 3 centimètres de longueur à la maturité............... NASTURTIUM *(67)*
   { Silique longue, linéaire 9

9 { Tige presque dépourvue de feuilles .... DIPLOTAXIS *(71)*
   { Tige feuillée.................... 10

10 { Silique épaisse, chargée de points rudes et blanchâtres..................... NASTURTIUM *(67)*
   { Silique grêle, dépourvue de points rudes et blanchâtres..................... SISYMBRIUM *(69)*

TROISIÈME CLASSE — QUATRIÈME SECTION

C

1. { Feuilles ailées, pétiolées, à pétiole auriculé-embrassant............... CARDAMINE *(66)*
   { Feuilles non ailées, les supérieures entières et sessiles. 2

2. { Plante velue, au moins inférieurement ; silique comprimée 3
   { Plante entièrement glabre-glaucescente ; silique tétragone............... ERYSIMUM *(70)*

3. { Fleurs blanches ; feuilles supérieures velues..... ARABIS *(64)*
   { Fleurs blanchâtres ; feuilles supérieures glabres-glaucescentes .... TURRITIS *(68)*

D

1. { Feuilles inférieures lyrées, pinnatifides ou ailées..... 2
   { Toutes les feuilles entières, dentées ou crénelées............... SISYMBRIUM *(69)*

2. { Silique renflée-spongieuse ou noueuse et comme articulée............... RAPHANUS *(74)*
   { Silique ni renflée-spongieuse ni noueuse-articulée.... 3

3. { Tige couchée-radicante............... NASTURTIUM *(67)*
   { Tige non couchée-radicante............... 4

4. { Tige nue inférieurement, simple, portant de 2 à 4 feuilles ; souche horizontale, charnue, articulée, écailleuse .... DENTARIA *(65)*
   { Plante n'ayant pas tous ces caractères réunis........ 5

5. { Toutes les feuilles ailées............... CARDAMINE *(66)*
   { Feuilles supérieures simples, entières ou denticulées.. 6

6. { Tige et feuilles hérissées de poils ; fleurs le plus souvent roses ; plante spontanée............... ARABIS *(64)*
   { Plante glabre, glauque, cultivée pour l'alimentation .... BRASSICA *(72)*

H

1. { Fleurs jaunes ou jaunâtres .... A
   { Fleurs blanches, blanchâtres, roses ou violacées..... B

A

1. { Silicule renflée : ovoïde, globuleuse, subglobuleuse ou en massue, mais jamais aplatie............... 3
   { Silicule plus ou moins aplatie, ou munie sur les bords d'une membrane mince (aile)............... 2

TROISIÈME CLASSE — QUATRIÈME SECTION

2 { Feuilles caulinaires embrassantes; silicule oblongue ISATIS *(86)*
   Feuilles caulinaires non embrassantes; silicule orbiculaire .... ALYSSUM *(75)*

3 { Plante entièrement glabre 4
   Plante velue, au moins à la base, ou à poils épars.... 5

4 { Silicule oblongue-subglobuleuse .... NASTURTIUM *(67)*
   Silicule en massue triangulaire .... MYAGRUM *(88)*

5 { Silicule en forme de poire; fleurs jaunâtres... CAMELINA *(79)*
   Silicule globuleuse ou subglobuleuse; fleurs nettement jaunes.................................. 6

6 { Plante des lieux aquatiques; tige couchée, plus ou moins radicante, fistuleuse; silicule le plus souvent oblongue .... NASTURTIUM *(67)*
   Plante des lieux secs; tige droite, non fistuleuse; silicule globuleuse ou ovoïde..................... 7

7 { Fleurs petites; sépales non bossus à la base; style plus court que la silicule................ NESLIA *(87)*
   Fleurs assez grandes; 2 sépales bossus à la base; style plus long que la silicule.................. VESICARIA *(76)*

B

1 { Silicule plus ou moins aplatie, ou munie sur les bords d'une membrane mince en forme d'aile qui va en s'élargissant vers le sommet 5
   Silicule globuleuse, subglobuleuse, en forme de poire, ou hérissée de pointes tuberculeuses............ 2

2 { Silicule en forme de poire .... CAMELINA *(79)*
   Silicule non en forme de poire................... 3

3 { Silicule tuberculeuse .... SENEBIERA *(85)*
   Silicule globuleuse ou subglobuleuse 4

4 { Tige et feuilles pubescentes................ LEPIDIUM *(84)*
   Plante entièrement glabre............. COCHLEARIA *(78)*

5 { Silicule ailée, au moins à la maturité 6
   Silicule non bordée d'une aile.................... 9

6 { Feuilles caulinaires embrassantes, sagittées......... 8
   Feuilles caulinaires ni embrassantes, ni sagittées..... 7

7 { La plupart des feuilles lobées; plante glabre ou légèrement pubescente..................... LEPIDIUM *(84)*
   Feuilles toutes entières; plante pubescente.... ALYSSUM *(75)*

8 { Plante velue .... LEPIDIUM *(84)*
   Plante entièrement glabre................ THLASPI *(81)*

TROISIÈME CLASSE — SIXIÈME SECTION

9 { Feuilles toutes entières, dentées ou sinuées......... 10
  { Feuilles, quelques-unes au moins, plus ou moins lobées 15

10 { Pétales entiers ou peu échancrés................. 12
   { Pétales profondément bifides................... 11

11 { Feuilles toutes radicales..................... DRABA *(77)*
   { Tige feuillée............................. ALYSSUM *(75)*

12 { Feuilles supérieures auriculées, embrassantes....... 13
   { Feuilles supérieures non embrassantes....... LEPIDIUM *(84)*

13 { Silicule cordiforme, plus large que longue, à peine
   {   échancrée au sommet................. LEPIDIUM *(84)*
   { Silicule plus longue que large, très entière ou large-
   {   ment échancrée au sommet................. 14

14 { Silicule triangulaire, plus ou moins échancrée. CAPSELLA *(83)*
   { Silicule ovale, entière..................... DRABA *(77)*

15 { Silicule triangulaire, largement échancrée ou tronquée
   {   au sommet, et terminée en pointe à l'insertion du
   {   pédoncule..................... CAPSELLA *(83)*
   { Silicule oblongue à sommet aigu, ou ovale-obtuse à
   {   peine échancrée................. LEPIDIUM *(84)*

CINQUIÈME SECTION
ANALYSE DES GENRES

1 { Plante décolorée dans toutes ses parties, livide; feuilles
  {   réduites à des écailles............... MONOTROPA *(47)*
  { Plante munie de feuilles vertes........... MŒHRINGIA *(27)*

SIXIÈME SECTION
ANALYSE DES GENRES

NOTA. — *Pour analyser la plupart des plantes de cette section, il faut avoir soin de recueillir des fruits très avancés.*

1 { Calice d'une seule pièce..................... II
  { Calice de plusieurs pièces distinctes............ 1

I

1 { Calice à 2 ou 3 sépales..................... 2
  { Calice à plus de 3 sépales................... 6

2 { Sous-arbrisseau très épineux............... ULEX *(97)*
  { Plante herbacée non épineuse................ 3

3 { Feuilles entières ou dentées................. 4
  { Feuilles très découpées.................... 5

TROISIÈME CLASSE — SIXIÈME SECTION

4	Feuilles dentées............................	IMPATIENS (*36*)
	Feuilles très entières.....................	POLYGALA (*42*)
5	Éperon court; fruit presque globuleux........	FUMARIA (*61*)
	Éperon allongé; fruit ovale-oblong, aplati...	CORYDALIS (*60*)
6	Calice à 4 sépales	7
	Calice à 5 sépales	8
7	Tige presque entièrement nue (*2 ou 3 feuilles seulement*); feuilles radicales nombreuses et étalées en rosette	TEESDALIA (*80*)
	Tige très garnie de feuilles; point de rosette radicale	IBERIS (*82*)
8	Corolle éperonnée	VIOLA (*91*)
	Corolle non éperonnée.......................	POLYGALA (*42*)

II

1	Arbre très élevé, à feuilles digitées.........	ÆSCULUS (*44*)
	Plante herbacée, ou plante dont les feuilles ne sont pas digitées lorsque la tige est ligneuse............	2
2	Pétioles terminés par une vrille, un filet ou une pointe sétacée...................................	C
	Pétioles non terminés par une vrille, un filet ou une pointe.....................................	3
3	Feuilles simples ou feuilles à 3 folioles..............	A
	Feuilles, au moins les supérieures, à plus de 3 folioles	B

A

1	Feuilles simples, c'est-à-dire à une seule foliole	2
	Feuilles à 3 folioles	5
2	Calice fendu supérieurement jusqu'à la base..	SPARTIUM (*94*)
	Calice non fendu jusqu'à la base............	3
3	Calice à deux lèvres.........................	4
	Calice à 5 dents............................	LATHYRUS (*110*)
4	Lèvre supérieure du calice bidentée..........	CYTISUS (*95*)
	Lèvre supérieure du calice bipartite..........	GENISTA (*96*)
5	Tige grimpante	PHASEOLUS (*106*)
	Tige non grimpante.........................	6
6	Folioles entières............................	7
	Folioles denticulées	9
7	Tige ligneuse; calice à deux lèvres; étamines monadelphes...................................	8
	Tige herbacée; calice à 5 divisions; étamines diadelphes.....................................	12

TROISIÈME CLASSE — SIXIÈME SECTION

8 { Fleurs en grappe très allongée, dressée. SAROTHAMNUS (93)
  { Fleurs en grappe penchée.................. CYTISUS (95)

9 { Gousse droite............................. 10
  { Gousse plus ou moins contournée, c'est-à-dire réniforme, en faucille ou en spirale........ MEDICAGO (104)

10 { Fleurs solitaires ou en grappe feuillée......... ONONIS (98)
   { Fleurs ni solitaires ni en grappe feuillée............ 11

11 { Fleurs en tête ou en épi................ TRIFOLIUM (105)
   { Fleurs en grappe lâche, très effilée....... MELILOTUS (103)

12 { Gousse droite............................ 13
   { Gousse réniforme................... MEDICAGO (104)

13 { Stipules libres ; gousse dépassant longuement le calice................................. 14
   { Stipules en partie soudées avec le pétiole ; gousse dépassant peu le calice.............. TRIFOLIUM (105)

14 { Pédoncules portant 1 ou 2 fleurs ; gousse à 4 ailes................. TETRAGONOLOBUS (100 bis)
   { Pédoncules portant plus de 2 fleurs ; gousse non ailée............................... LOTUS (100)

B

1 { Plante à tige herbacée ou à peine sous-ligneuse...... 2
  { Arbre élevé......................... ROBINIA (101)

2 { Gousse ayant au moins deux fois la longueur du calice..................................... 3
  { Gousse incluse ou débordant à peine le calice....... 4

3 { Fleurs en grappe............... ASTRAGALUS (102)
  { Fleurs en ombelle ou en couronne................. 5

4 { Fleurs jaunes, en tête................ ANTHYLLIS (99)
  { Fleurs roses, en grappe............. ONOBRYCHIS (115)

5 { Fleurs d'un beau jaune d'or...... 6
  { Fleurs blanchâtres, roses ou d'un jaune violacé...... 7

6 { Gousse étroite, arquée en zigzag....... HIPPOCREPIS (114)
  { Gousse presque cylindrique ou articulée en forme de chapelet...................... CORONILLA (112)

7 { Ombelle de 12 à 15 rayons ; fleurs grandes. CORONILLA (112)
  { Ombelle de 2 à 5 fleurs très petites..... ORNITHOPUS (113)

QUATRIÈME CLASSE

C

1	Fleurs dont la corolle n'a pas un centimètre de long. VICIA	(107)
	Fleurs dont la corolle a plus d'un centimètre de long.	2
2	Style d'une égale largeur dans toute sa longueur et non creusé en gouttière ; feuilles ayant souvent plus de 6 folioles....................	3
	Style élargi à son sommet, ou creusé en gouttière ; feuilles n'ayant jamais plus de 6 folioles.........	7
3	Pétiole terminé par un filet court, droit et non roulé..	4
	Pétiole terminé par un ou plusieurs filets roulés .. VICIA	(107)
4	Feuilles ayant de une à 4 paires de folioles.........	5
	Feuilles ayant de 8 à 12 paires de folioles....... VICIA	(107)
5	Fleurs blanches ou rosées, tachées de noir....... FABA	(108)
	Fleurs rougeâtres, violacées.....................	6
6	Fleurs purpurines-bleuâtres, très petites, solitaires VICIA	(107)
	Fleurs d'un rose-violacé, assez grandes, trois ou quatre ensemble sur chaque pédoncule............ OROBUS	(111)
7	Style comprimé par le dos	8
	Style genouillé à la base, comprimé latéralement. PISUM	(109)
8	Pétiole terminé par une pointe courte, sétacée. OROBUS	(111)
	Pétiole terminé par une vrille, ou aplani en forme de feuille très aiguë................... LATHYRUS	(110)

QUATRIÈME CLASSE

Plantes phanérogames à fleurs disjointes, hermaphrodites ; ovaire supère, périanthe double ; 10 étamines ou moins ; corolle monopétale, *régulière*.

ANALYSE DES SECTIONS

1	De 1 à 5 étamines.........................	2
	Plus de 5 étamines........................	5º Section.
2	5 étamines................................	4
	Moins de 5 étamines.......................	3
3	2 étamines................................	3º Section.
	3 ou 4 étamines...........................	4º Section.

QUATRIÈME CLASSE — PREMIÈRE SECTION

4 { Feuilles caulinaires nettement opposées ou verticillées 2ᵉ *Section*.
  { Feuilles alternes ou toutes radicales.............. 1ʳᵉ *Section*.

PREMIÈRE SECTION

ANALYSE DES GENRES

1 { Un seul ovaire simple et sans divisions I
  { 4 ovaires ou un seul à 4 divisions................ II

I

1 { Tige ligneuse, au moins à la base................ A
  { Tige entièrement herbacée...................... B

A

1 { Tige sarmenteuse grimpante et garnie de vrilles.... VITIS (*46*)
  { Tige dépourvue de vrilles..................... 2
2 { Arbrisseau à tige ou à feuilles épineuses........... 3
  { Plante ligneuse inférieurement; tige et feuilles complètement inermes .... SOLANUM (*225*)
3 { Feuilles épineuses .... ILEX (*201*)
  { Feuilles non épineuses.................... LYCIUM (*228*)

B

1 { Divisions de la corolle barbues intérieurement...................... MENYANTHES (*207*)
  { Divisions de la corolle non barbues.............. 2
2 { Un seul style et un seul stigmate 3
  { Plusieurs styles ou plusieurs stigmates............ 8
3 { Feuilles toutes radicales.................. PRIMULA (*195*)
  { Tige feuillée................................ 4
4 { Corolle en cloche ou en entonnoir................ 5
  { Corolle en roue et très peu tubulée.............. 6
5 { Feuilles très entières..................... ATROPA (*227*)
  { Feuilles sinuées-dentées.................. DATURA (*229*)
6 { Corolle à segments égaux; anthères conniventes..... 7
  { Corolle à segments un peu inégaux; anthères non conniventes...................... VERBASCUM (*231*)

4

QUATRIÈME CLASSE — PREMIÈRE SECTION

7 { Fleurs axillaires et solitaires ; calice renflé en vessie, très ample, enveloppant entièrement le fruit après la floraison.............................. PHYSALIS (226)
  { Fleurs ni axillaires ni solitaires ; calice sans développement considérable après la floraison..... SOLANUM (225)

8 { Un seul style, chargé de 2 stigmates.............. 9
  { Plusieurs styles................................. 10

9 { 2 bractées foliacées entourant le calice.... CALYSTEGIA (213)
  { Calice non entouré par les bractées, qui sont très distantes de la fleur................ CONVOLVULUS (212)

10 { 2 styles ; plante dépourvue de feuilles....... CUSCUTA (214)
   { 5 styles ; plante à feuilles charnues, succulentes. SEDUM (126)

II

1 { Entrée de la corolle ouverte et sans écailles......... 2
  { Entrée de la corolle garnie d'écailles, qui souvent la ferment entièrement........................ 5

2 { Étamines ordinairement longuement saillantes hors de la corolle.............................. ECHIUM (222)
  { Étamines renfermées dans la corolle............... 3

3 { Calice tubulé et à 5 dents............. PULMONARIA (221)
  { Calice à 5 découpures, qui descendent presque jusqu'à la base....................................... 4

4 { Feuilles ovales et ridées ; corolle munie d'une dent entre chaque lobe.............. HELIOTROPIUM (224)
  { Feuilles lancéolées-linéaires et nullement ridées ; pas de dent entre les lobes de la corolle LITHOSPERMUM (220)

5 { Fleurs toutes axillaires, sessiles ou à peu près sessiles....................... LITHOSPERMUM (220)
  { Fleurs pédicellées, terminales ou en grappes....... 6

6 { Corolle blanche, cylindrique, à limbe droit SYMPHYTUM (218)
  { Corolle bleue ou rouge, à limbe étalé.............. 7

7 { Corolle à tube coudé................... LYCOPSIS (217)
  { Corolle en roue ou à tube très droit.............. 8

8 { Corolle en roue et à 5 lobes aigus........ BORRAGO (215)
  { Corolle à tube plus ou moins long et à lobes obtus ou émarginés................................. 9

9 { Carpelles aplatis et chargés de tubercules épineux................. CYNOGLOSSUM (223)
  { Carpelles arrondis, non épineux................ 10

QUATRIÈME CLASSE — TROISIÈME SECTION

10 { Plante robuste, hérissée de poils raides et piquants............................. ANCHUSA (216)
Plante faible, parsemée de poils mous, jamais piquants............................. MYOSOTIS (219)

DEUXIÈME SECTION

ANALYSE DES GENRES

1 { Calice à 2 sépales, rarement 3 .... MONTIA (119)
Calice campanulé à 5 lobes ou à plus de 3 sépales.... 2

2 { Un seul ovaire très simple.................... 4
Ovaire bifide, composé de deux follicules........... 3

3 { Fleurs bleues, rarement blanches, assez grandes, solitaires et axillaires.................... VINCA (205)
Fleurs blanchâtres, assez petites, disposées en corymbes......................... VINCETOXICUM (206)

4 { Un seul stigmate très simple................. 6
2 stigmates ou un stigmate bifide............. 5

5 { Fleurs roses, très rarement blanches...... ERYTHRÆA (211)
Fleurs jaunes ou bleues................... GENTIANA (209)

6 { Calice velu, très ample après la floraison ; fleurs d'un blanc jaunâtre................. PHYSALIS (226)
Calice glabre, non renflé après la floraison ; fleurs n'étant pas d'un blanc jaunâtre............. 7

7 { Fleurs rouges, roses ou bleues ; étamines velues.................... ANAGALLIS (198)
Fleurs jaunes ; étamines glabres........ LYSIMACHIA (196)

TROISIÈME SECTION

ANALYSE DES GENRES

1 { Tige ligneuse............................... 2
Tige herbacée............................... 4

2 { Etamines incluses dans le tube de la corolle 3
Etamines saillantes hors du tube de la corolle LIGUSTRUM (202)

3 { Fleurs lilas ou blanches ; calice et corolle à 4 divisions................... SYRINGA (204)
Fleurs jaunes ; calice et corolle à 5 divisions JASMINUM (204 bis)

QUATRIÈME CLASSE — CINQUIÈME SECTION

4 { Feuilles toutes radicales................ LIMOSELLA (233)
  { Tige feuillée............................... 5
5 { Fleurs verticillées....................... LYCOPUS (249)
  { Fleurs axillaires ou en épis............. VERONICA (232)

QUATRIÈME SECTION
ANALYSE DES GENRES

1 { Tige ligneuse; feuilles épineuses............ ILEX (201)
  { Tige herbacée............................... 2
2 { Un seul ovaire simple et sans divisions 4
  { 4 ovaires nus au fond du calice.............. 3
3 { Feuilles laciniées .... VERBENA (271)
  { Feuilles entières, dentées ou crénelées, mais nullement
  {   laciniées .... MENTHA (248)
4 { Plante ayant des feuilles caulinaires ou radicales..... 5
  { Plante entièrement dépourvue de feuilles..... CUSCUTA (214)
5 { Feuilles toutes radicales.................... 9
  { Tige feuillée............................... 6
6 { Calice à 2 ou 3 sépales................... MONTIA (119)
  { Calice campanulé à 4 ou 5 lobes ou à 4 ou 5 sépales.. 7
7 { Feuilles opposées........................... 8
  { Feuilles alternes................. CENTUNCULUS (197)
8 { Feuilles toutes linéaires; fleurs très petites; style fili-
  {   forme .... CICENDIA (210)
  { Feuilles n'étant pas toutes linéaires; fleurs grandes;
  {   style très court ou presque nul .... GENTIANA (209)
9 { Plante non aquatique; fleurs en épi ovoïde ou cylin-
  {   drique; étamines beaucoup plus longues que la co-
  {   rolle................................ PLANTAGO (200)
  { Plante aquatique; fleurs non en épi; étamines non
  {   saillantes hors de la corolle .... LIMOSELLA (233)

CINQUIÈME SECTION
ANALYSE DES GENRES

1 { Tige ligneuse............................... 2
  { Tige herbacée............................... 3

CINQUIÈME CLASSE — PREMIÈRE SECTION

2 { Feuilles très grandes, épineuses............... ILEX *(201)*
  { Feuilles très petites, non épineuses......... CALLUNA *(194)*

3 { Feuilles très épaisses, charnues-succulentes......... 4
  { Feuilles non charnues-succulentes................ 5

4 { Fleurs jaunes; calice à 2 sépales........ PORTULACA *(118)*
  { Fleurs blanchâtres; calice à 4 ou 5 divisions plus ou
  {   moins profondes...................... UMBILICUS *(128)*

5 { Feuilles simples, opposées, soudées à la base.. CHLORA *(208)*
  { Feuilles ternées, radicales ou éparses......... OXALIS *(35)*

CINQUIÈME CLASSE

Plantes phanérogames à fleurs disjointes, hermaphrodites; ovaire supère, périanthe double; 10 étamines ou moins; corolle monopétale, *irrégulière*.

ANALYSE DES SECTIONS

1 { 4 étamines fertiles ou moins..................... 2
  { 5 étamines fertiles ou plus..................... 4ᵉ *Section.*

2 { 4 étamines fertiles............................ 3
  { Moins de 4 étamines fertiles .... 3ᵉ *Section.*

3 { Un seul ovaire simple et sans divisions .... 1ʳᵉ *Section.*
  { 4 ovaires ou un seul à 4 divisions............. 2ᵉ *Section.*

PREMIÈRE SECTION
ANALYSE DES GENRES

1 { Fleurs réunies en tête dans un involucre
  {   commun .... GLOBULARIA *(272)*
  { Fleurs libres et non réunies dans un involucre commun 2

2 { Feuilles toutes radicales............... LIMOSELLA *(233)*
  { Tige garnie de feuilles vertes ou d'écailles foliacées... 3

3 { Plante à feuilles toujours vertes..... 5
  { Plante à feuilles noirâtres paraissant toujours desséchées.. 4

4 { Fleurs à l'aisselle d'une bractée et munies en outre de
  {   2 bractéoles latérales................ PHELIPÆA *(246)*
  { Fleurs à l'aisselle d'une bractée, mais non munies de
  {   2 bractéoles latérales .... OROBANCHE *(247)*

CINQUIÈME CLASSE — DEUXIÈME SECTION

5 { Feuilles charnues ; calice à 2 sépales, rarement 3   MONTIA *(119)*
   { Feuilles non charnues ; calice tubuleux ou campanulé
     ou à 4 ou 5 sépales 6

6 { Tube de la corolle présentant une bosse ou un éperon
     à la base 7
   { Tube de la corolle ne présentant à sa base ni bosse ni
     éperon 9

7 { Tube de la corolle prolongé en éperon droit ou recourbé   8
   { Tube de la corolle prolongé en un talon
     obtus .... ANTIRRHINUM *(237)*

8 { Corolle à gorge entièrement ouverte .... ANARRHINUM *(238)*
   { Corolle à gorge fermée ou à peine ouverte .... LINARIA *(239)*

9 { Calice à 5 dents ou à 5 divisions 10
   { Calice à 4 divisions, dents ou lobes 13

10 { Feuilles profondément découpées ...... PEDICULARIS *(240)*
    { Feuilles entières, dentées ou un peu incisées 11

11 { Feuilles opposées 12
    { Feuilles alternes .... DIGITALIS *(236)*

12 { Corolle à tube plus ou moins long .... LINDERNIA *(235)*
    { Corolle globuleuse .... SCROFULARIA *(234)*

13 { Calice renflé en vessie .... RHINANTHUS *(241)*
    { Calice non renflé en vessie 14

14 { Lèvre supérieure de la corolle à bords repliés en
     dehors .... MELAMPYRUM *(242)*
    { Lèvre supérieure de la corolle à bords non repliés en
     dehors 15

15 { Fleurs en grappes terminales, munies de
     bractées .... ODONTITES *(244)*
    { Fleurs axillaires .... EUPHRASIA *(243)*

DEUXIÈME SECTION
ANALYSE DES GENRES

1 { Corolle très irrégulière ou bien fleurs peu irrégulières
    et très aromatiques 2
   { Corolle peu irrégulière et fleurs inodores .... VERBENA *(271)*

2 { Corolle à 4 lobes presque égaux .... MENTHA *(248)*
   { Corolle nettement irrégulière 3

3 { Corolle à une seule lèvre 4
   { Corolle à deux lèvres bien marquées 5

CINQUIÈME CLASSE — DEUXIÈME SECTION

4 { Lèvre supérieure de la corolle remplacée par 2 petites dents droites...................... AJUGA *(269)*
   Lèvre supérieure de la corolle non remplacée par deux petites dents...................... TEUCRIUM *(270)*

5 { Les deux étamines latérales plus courtes que les deux intérieures............................ 6
   Etamines latérales plus longues que les intérieures... 7

6 { Feuilles réniformes, à dents arrondies..... GLECHOMA *(257)*
   Feuilles ovales-lancéolées, à dents aiguës..... NEPETA *(256)*

7 { Etamines toutes parallèles, également rapprochées en toute leur longueur........................ 8
   Etamines plus écartées deux à deux, ou plus rapprochées au sommet qu'à la base................ 19

8 { Calice à 2 lèvres bien marquées............... 9
   Calice non bilabié, à 5 dents presque égales....... 11

9 { Calice à deux lèvres entières, et chargé d'une écaille arrondie et saillante............. SCUTELLARIA *(268)*
   Calice n'ayant point d'écaille arrondie et saillante.... 10

10 { Fleurs naissant à l'aisselle de bractées suborbiculaires très amples; calice non renflé-membraneux; filets des étamines bifides à leur sommet.... BRUNELLA *(267)*
    Fleurs dépourvues de bractées; calice en cloche, très ample, membraneux; filets des étamines non bifides à leur sommet...................... MELITTIS *(258)*

11 { Etamines plus longues que le tube de la corolle; calice à 5 dents ou moins...................... 12
    Etamines renfermées dans le tube de la corolle; calice à 10 dents.................... MARRUBIUM *(264)*

12 { Calice à dents spinescentes................. 13
    Calice à dents non spinescentes............... 17

13 { Lèvre inférieure de la corolle ne présentant pas de renflements saillants vers la gorge.............. 14
    Lèvre inférieure de la corolle présentant vers la gorge 2 renflements saillants en forme de cônes GALEOPSIS *(261)*

14 { Feuilles caulinaires et inférieures trilobées. LEONURUS *(266)*
    Feuilles entières, dentées ou crénelées........... 15

15 { Une ou deux paires de feuilles dans la moitié supérieure de la tige.................. BETONICA *(263)*
    Plus de deux paires de feuilles dans la moitié supérieure de la tige.......................... 16

CINQUIÈME CLASSE — QUATRIÈME SECTION

16 { Chaque pédoncule subdivisé en plusieurs pédicelles .... BALLOTA *(265)*
   { Pédoncules ne portant chacun qu'une fleur... STACHYS *(262)*

17 { Fleurs jaunes.................... GALEOBDOLON *(260)*
   { Fleurs jamais jaunes 18

18 { Lèvre inférieure de la corolle à lobes latéraux obtus, bien marqués .... BALLOTA *(265)*
   { Lèvre inférieure de la corolle à lobes latéraux remplacés par 2 petites dents................. LAMIUM *(259)*

19 { Etamines droites, écartées au sommet............. 20
   { Etamines arquées, rapprochées au sommet.......... 21

20 { Fleurs accompagnées de larges bractées colorées .... ORIGANUM *(251)*
   { Fleurs non accompagnées de larges bractées colorées............................ THYMUS *(252)*

21 { Fleurs entourées de bractées linéaires et longuement ciliées....................... CLINOPODIUM *(254)*
   { Fleurs non entourées de bractées linéaires et ciliées .. 22

22 { Fleurs rouges, roses, lilas ou violacées.. CALAMINTHA *(253)*
   { Fleurs blanches .... MELISSA *(255)*

TROISIÈME SECTION
ANALYSE DES GENRES

1 { Un seul ovaire entier ou bilobé.................. 3
  { 4 ovaires ou un seul à 4 divisions................ 2

2 { Corolle profondément divisée en 2 lèvres bien distinctes, dont la supérieure est courbée en faucille SALVIA *(250)*
  { Divisions de la corolle à peu près égales et ne formant pas 2 lèvres bien distinctes .... LYCOPUS *(249)*

3 { Base de la corolle terminée par un éperon ou une bosse conique ; feuilles capillaires.. UTRICULARIA *(245)*
  { Base de la corolle dépourvue d'éperon et de bosse ; feuilles non capillaires...................... 4

4 { Calice à 4 ou 5 divisions .... VERONICA *(232)*
  { Calice à 2 ou 3 sépales................... MONTIA *(119)*

QUATRIÈME SECTION
ANALYSE DES GENRES

1 { 5 étamines 2
  { Plus de 5 étamines...................... 6

SIXIÈME CLASSE — PREMIÈRE SECTION

2 { Un seul ovaire simple et sans divisions............ 3
  { 4 ovaires ou un seul à 4 divisions.......... ECHIUM (222)

3 { Fleurs éperonnées..................... IMPATIENS (36)
  { Fleurs non éperonnées 4

4 { Calice à 2 ou 3 sépales ; feuilles charnues..... MONTIA (119)
  { Calice à 4 ou 5 divisions ; feuilles non charnues..... 5

5 { Corolle en roue, et à tube très court..... VERBASCUM (231)
  { Corolle campanulée .... HYOSCIAMUS (230)

6 { Feuilles ternées..................... TRIFOLIUM (105)
  { Feuilles simples ou très découpées, mais non ternées. 7

7 { Feuilles simples...................... POLYGALA (42)
  { Feuilles très découpées 8

8 { Eperon court ; fruit presque globuleux........ FUMARIA (61)
  { Eperon allongé ; fruit ovale-oblong, aplati.. CORYDALIS (60)

SIXIÈME CLASSE

Plantes phanérogames à fleurs disjointes, hermaphrodites ; ovaire supère, fleurs à *périanthe simple*.

ANALYSE DES SECTIONS

1 { 10 étamines ou moins....................... 2
  { 11 étamines ou plus........................ 1re Section.

2 { Périanthe à 5 divisions ou moins 3
  { Périanthe à 6 divisions ou plus.................. 2e Section.

3 { 4 étamines ou moins 4
  { 5 étamines ou plus........................... 3e Section.

4 { 4 étamines................................ 5e Section.
  { Moins de 4 étamines....................... 4e Section.

PREMIÈRE SECTION
ANALYSE DES GENRES

1 { Tige ligneuse............................. 2
  { Tige complètement herbacée................... 3

SIXIÈME CLASSE — PREMIÈRE SECTION

2 { Plante sarmenteuse-grimpante .... CLEMATIS *(1)*
{ Arbre élevé .... ACER *(43)*

3 { Plante renfermant dans toutes ses parties un suc laiteux blanc. Ovaire pédicellé, c'est-à-dire élevé par un support au-dessus du réceptacle... EUPHORBIA *(376)*
{ Plante dont le suc n'est pas d'un blanc laiteux, ou à ovaire non pédicellé 4

4 { Toutes les fleurs sessiles sur un axe charnu renfermé dans une spathe en forme de cornet .... ARUM *(439)*
{ Fleurs non renfermées dans une spathe 5

5 { Toutes les feuilles radicales, linéaires et entières MYOSURUS *(5)*
{ Feuilles n'étant pas toutes radicales, linéaires et entières 6

6 { Fleurs en casque ou éperonnées 7
{ Fleurs ni en casque ni éperonnées 9

7 { Fleurs en casque .... ACONITUM *(13)*
{ Fleurs éperonnées 8

8 { Fleurs à 5 éperons .... AQUILEGIA *(11)*
{ Un seul éperon à chaque fleur .... DELPHINIUM *(12)*

9 { Fleurs grandes et d'un beau jaune 10
{ Fleurs petites et jaunâtres, ou de toute autre couleur.. 13

10 { Plusieurs ovaires .... CALTHA *(8)*
{ Un seul ovaire 11

11 { Capsule ovoïde .... MECONOPSIS *(59)*
{ Capsule linéaire, en forme de silique 12

12 { Fleurs en ombelle .... CHELIDONIUM *(57)*
{ Pédoncules uniflores .... GLAUCIUM *(58)*

13 { Un seul ovaire 15
{ Plusieurs ovaires 14

14 { Fleurs petites et jaunâtres; périanthe à 4 divisions .... THALICTRUM *(2)*
{ Fleurs assez grandes et d'une autre couleur; périanthe à plus de 4 divisions 16

15 { Fleurs grandes, rouges, solitaires .... PAPAVER *(56)*
{ Fleurs petites, blanches, en grappe compacte .... ACTÆA *(14)*

16 { Fleurs vertes ou d'un blanc bleuâtre, pourvues intérieurement de tubes ou cornets nectarifères 17
{ Fleurs blanches ou rosées, violettes ou d'un bleu violet, et entièrement dépourvues de tubes nectarifères .... ANEMONE *(3)*

SIXIÈME CLASSE — DEUXIÈME SECTION

17 { Feuilles à découpures capillaires. Fleurs bleuâtres NIGELLA *(10)*
   { Feuilles à découpures non capillaires; fleurs vertes, souvent bordées de rouge............ HELLEBORUS *(9)*

DEUXIÈME SECTION
ANALYSE DES GENRES

1 { Périanthe à 6 divisions II
  { Périanthe à plus de 6 divisions................ I

I

1 { Tige ligneuse .... ACER *(43)*
  { Tige entièrement herbacée..................... 2

2 { Fleurs en épi terminal; plante blanchâtre, écailleuse.................... MONOTROPA *(47)*
  { Fleurs axillaires; plante verte................. 3

3 { Feuilles entières............................ PEPLIS *(117)*
  { Feuilles incisées-palmées ou lobées-dentées ALCHEMILLA *(368)*

II

1 { 6 étamines 3
  { Plus de 6 étamines........................... 2

2 { Fleurs en ombelle multiflore; 9 étamines.... BUTOMUS *(399)*
  { Fleur solitaire, terminale; 8 étamines .... PARIS *(411)*

3 { Périanthe scarieux ou herbacé................. 4
  { Périanthe coloré, pétaloïde 7

4 { 3 ovaires dans chaque fleur .... SCHEUCHZERIA *(433)*
  { Un seul ovaire dans chaque fleur 5

5 { Feuilles linéaires, à nervures parallèles 6
  { Feuilles élargies, à nervures ramifiées......... RUMEX *(359)*

6 { Feuilles plus ou moins cylindriques, glabres ou nulles......................... JUNCUS *(442)*
  { Feuilles toujours planes, parsemées de longs poils.......................... LUZULA *(443)*

7 { Plus de 6 ovaires dans chaque fleur.......... ALISMA *(397)*
  { Un seul ovaire simple et sans divisions, ou bien composé de 3 carpelles soudés à la base.......... 8

8 { 3 styles.................................... 9
  { Un seul style............................... 10

SIXIÈME CLASSE — DEUXIÈME SECTION

9 { Plante bulbeuse, dont les fleurs paraissent à l'automne, tandis que les feuilles n'apparaissent qu'au printemps suivant; périanthe lilas-rosé à tube cinq fois plus long que le limbe............... COLCHICUM *(400)*
Plante non bulbeuse, portant tout à la fois des feuilles et des fleurs; périanthe non tubulé, à divisions libres ou presque libres................ RUMEX *(359)*

10 { Feuilles exhalant une odeur très forte par le froissement; fleurs renfermées dans une spathe avant l'épanouissement; filets des étamines soudés à la base.............................. ALLIUM *(405)*
Feuilles à odeur nulle ou peu sensible; point de spathe; filets des étamines entièrement distincts les uns des autres............................. 11

11 { Fleurs bleues ou violettes....................... 12
Fleurs n'étant ni bleues ni violettes................ 14

12 { Périanthe polyphylle à divisions seulement un peu soudées à la base........................... 13
Périanthe monophylle, en grelot, à 6 dents courtes................................. MUSCARI *(406)*

13 { Périanthe étalé dès la base; stigmate obtus..... SCILLA *(403)*
Périanthe connivent, en cloche; stigmate presque trigone; fleurs à odeur faible de jacinthe.. ENDYMION *(404)*

14 { Feuilles filiformes, réunies en petits faisceaux.............................. ASPARAGUS *(413)*
Feuilles à limbe plus ou moins élargi, jamais fasciculées................................ 15

15 { Périanthe tubulé ou campanulé, à 6 dents......... 16
Périanthe à 6 divisions libres ou soudées seulement à la base.................................. 17

16 { Tige feuillée .... POLYGONATUM *(409)*
Feuilles radicales; fleurs portées sur une hampe entièrement nue .... CONVALLARIA *(408)*

17 { Racine fibreuse; périanthe rétréci à la base en un tube étroit en forme de pédicelle articulé avec le véritable pédicelle................. PHALANGIUM *(407)*
Racine bulbeuse; périanthe non rétréci à la base en forme de pédicelle 18

18 { Périanthe d'un beau jaune en dedans, verdâtre en dehors .... GAGEA *(402)*
Périanthe blanc ou d'un blanc jaunâtre................................. ORNITHOGALUM *(401)*

TROISIÈME SECTION
ANALYSE DES GENRES

1. { Tige ligneuse............................ I
   { Tige herbacée........................... II

I

1. { Tige grimpante ou rampante, garnie de radicelles ou
     de vrilles............................. 2
   { Tige droite et dépourvue de radicelles et de vrilles... 3
2. { Tige munie de radicelles; feuilles entières ou à lobes
     anguleux; fleurs en ombelle........... HEDERA *(188)*
   { Tige munie de vrilles; feuilles à 5 lobes dentés; fleurs
     en grappe............................. VITIS *(46)*
3. { Fleurs s'épanouissant avant les feuilles............. 4
   { Fleurs s'épanouissant avec ou après les feuilles...... 6
4. { Fleurs roses........................... DAPHNE *(371)*
   { Fleurs d'un vert jaunâtre ou rougeâtre............... 5
5. { 1 style............................... ACER *(43)*
   { 2 style............................... ULMUS *(365)*
6. { Feuilles à 5 ou 7 lobes................ ACER *(43)*
   { Feuilles entières ou simplement dentées............. 7
7. { 4 ou 5 étamines....................... RHAMNUS *(92)*
   { 8 étamines............................ DAPHNE *(371)*

II

1. { Plante aquatique submergée ou nageant à la surface
     de l'eau............................... 2
   { Plante terrestre, n'étant ni submergée, ni flottante ... 3
2. { Feuilles ailées, à segments capillaires; 4 stigmates
     sessiles .... MYRIOPHYLLUM *(152)*
   { Feuilles non ailées; moins de 4 stigmates. POLYGONUM *(360)*
3. { Feuilles toutes radicales; ovaires très nombreux MYOSURUS *(5)*
   { Tige feuillée; un seul ovaire.................... 4
4. { Périanthe terminé à la base par un éperon.......... 5
   { Périanthe non éperonné........................... 6
5. { Eperon court; fruit presque globuleux .... FUMARIA *(64)*
   { Eperon allongé; fruit ovale-oblong, aplati .. CORYDALIS *(60)*
6. { 1 seul style et 1 seul stigmate................... 7
   { Plusieurs styles ou plusieurs stigmates........... 10

SIXIÈME CLASSE — TROISIÈME SECTION

7 { Feuilles simples et entières; 8 étamines... THYMELÆA *(370)*
   Feuilles toutes ailées ou, au moins les inférieures, profondément découpées; moins de 8 étamines...... 8

8 { Fruit 4 fois plus long que large.................. 9
   Fruit aussi large que long, ou dont la longueur n'atteint pas 4 fois la largeur............. LEPIDIUM *(84)*

9 { Segments des feuilles ovales ou ovales-oblongs; pétiole auriculé-embrassant............ CARDAMINE *(66)*
   Segments des feuilles linéaires-étroits; pétiole non auriculé à la base................... SISYMBRIUM *(69)*

10 { Ovaire surmonté de 4 styles................. SAGINA *(24)*
    Ovaire non surmonté de 4 styles.................. 11

11 { 6 étamines ou plus........................... 12
    5 étamines................................... 14

12 { Feuilles alternes............................. 13
    Feuilles opposées............... SCLERANTHUS *(123)*

13 { Plante à tige dressée et à feuilles cordées-sagittées.................... FAGOPYRUM *(361)*
    Plante à tige couchée ou grimpante, ou bien à feuilles ovales, lancéolées ou linéaires....... POLYGONUM *(360)*

14 { Périanthe coloré, ayant l'apparence d'une corolle.... 15
    Périanthe foliacé ou scarieux, ayant l'apparence d'un calice.. 16

15 { Feuilles alternes................... POLYGONUM *(360)*
    Feuilles opposées.................. ILLECEBRUM *(122)*

16 { Toutes les feuilles linéaires, ayant à peine 2 millimètres de large à la base..................... 17
    Feuilles ovales ou de toute autre forme, mais ayant toujours (les inférieures au moins) plus de 2 millimètres de large à la base......................... 18

17 { Feuilles alternes ou éparses; fleurs solitaires ou géminées............................. POLYCNEMUM *(353)*
    Feuilles opposées; fleurs disposées en bouquets multiflores....................... SCLERANTHUS *(123)*

18 { Feuilles alternes ou ayant plus de 3 centimètres de long quand elles sont opposées............... 19
    Feuilles, au moins les inférieures, opposées et n'ayant pas plus d'un centimètre et demi de long. HERNIARIA *(121)*

SIXIÈME CLASSE — CINQUIÈME SECTION

19 { Périanthe plus ou moins scarieux et toujours accompagné de 3 bractées scarieuses raides et piquantes 2 fois aussi longues que le périanthe.. AMARANTUS *(351)*
Périanthe entièrement herbacé et jamais accompagné de bractées scarieuses............ 20

20 { Fleurs hermaphrodites mélangées de fleurs dépourvues d'étamines, ces dernières ayant un périanthe à deux valves............ ATRIPLEX *(356)*
Toutes les fleurs hermaphrodites; pas de périanthes à deux valves............ 21

21 { 2 styles ; feuilles très amples............ BETA *(357)*
1 style à 2 ou trois stigmates............ 22

22 { Feuilles longues, triangulaires-hastées, à limbe très entier............ BLITUM *(355)*
Feuilles non triangulaires-hastées, ou bien à limbe incisé ou denté............ CHENOPODIUM *(354)*

QUATRIÈME SECTION
ANALYSE DES GENRES

1 { Plante aquatique à feuilles opposées, submergées ou flottantes............ CALLITRICHE *(379)*
Plante terrestre à feuilles alternes ou éparses........ 2

2 { Périanthe à 3 divisions............ 3
Périanthe à plus de 3 divisions............ 4

3 { Fleurs toutes axillaires en épi feuillé; bractées accompagnant le périanthe environ de la longueur de ce dernier............ AMARANTUS *(351)*
Fleurs supérieures en épi non feuillé; bractées plus courtes de moitié que le périanthe....... EUXOLUS *(352)*

4 { Périanthe à 4 divisions ; 1 style et 1 seul stigmate............ LEPIDIUM *(84)*
Périanthe à 5 divisions............ 5

5 { Feuilles pétiolées, élargies............ BLITUM *(355)*
Feuilles sessiles, linéaires............ POLYCNEMUM *(353)*

CINQUIÈME SECTION
ANALYSE DES GENRES

1 { Tige ligneuse............ I
Tige herbacée............ II

SEPTIÈME CLASSE

I

1. { Fleurs paraissant avant les feuilles................ 2
   { Fleurs paraissant après le complet développement des feuilles................................... 3

2. { Divisions du périanthe ciliées; 2 styles......... ULMUS *(365)*
   { Divisions du périanthe non ciliées; 1 seul style CORNUS *(189)*

3. { Feuilles entièrement glabres............... RHAMNUS *(92)*
   { Feuilles pubescentes en dessous............ CORNUS *(189)*

II

1. { Plante aquatique submergée ou flottante POTAMOGETON *(434)*
   { Plante terrestre ni submergée ni flottante.......... 2

2. { Plante jamais verte; feuilles réduites à des écailles blanchâtres ou colorées............ OROBANCHE *(247)*
   { Tige et feuilles vertes....................... 3

3. { Ovaire surmonté de 4 styles; feuilles opposées.. SAGINA *(24)*
   { Ovaire surmonté d'un seul style; feuilles alternes.... 4

4. { Plante n'ayant jamais plus de 2 ou 3 feuilles...................... MAIANTHEMUM *(410)*
   { Tige portant plus de 3 feuilles................... 5

5. { Feuilles entières ou entières-sinuées..... PARIETARIA *(367)*
   { Feuilles toutes ailées ou, les inférieures au moins, très découpées................................. 6

6. { Fruit au moins 4 fois plus long que large.. CARDAMINE *(66)*
   { Fruit dont la longueur n'atteint jamais 4 fois la largeur............................... LEPIDIUM *(84)*

SEPTIÈME CLASSE

Plantes phanérogames à fleurs disjointes, hermaphrodites, périanthées; ovaire *infère;* corolle *polypétale* ou périanthe *polyphylle.*

ANALYSE DES SECTIONS

1. { Corolle à 5 pétales ou moins.................. 2
   { Corolle ou périanthe à 6 divisions ou plus......... 5º *Section.*

2. { 5 étamines ou moins......................... 3
   { 6 étamines ou plus.......................... 1re *Section.*

SEPTIÈME CLASSE — PREMIÈRE SECTION

3 { 5 pétales.. 4
  { Moins de 5 pétales............................ 3ᵉ *Section.*

4 { Tige ligneuse..................................... 4ᵉ *Section.*
  { Tige herbacée.................................... 5

5 { Fleurs réunies en tête ou en épi........ 1ᵉ *Section.*
  { Fleurs disposées en ombelle ou en verticilles...... 2ᵉ *Section.*

PREMIÈRE SECTION

ANALYSE DES GENRES

1 { Tige ligneuse..................................... I
  { Tige herbacée.................................... II

I

1 { Feuilles ailées.................................... 2
  { Feuilles simples, entières, incisées ou lobées........ 3

2 { Tige munie d'aiguillons.......... ROSA (*138*)
  { Tige dépourvue d'aiguillons...... SORBUS (*146*)

3 { Feuilles entières ou finement dentées............ 4
  { Feuilles incisées ou lobées........................ 11

4 { Feuilles opposées............. PHILADELPHUS (*147*)
  { Feuilles alternes, éparses ou fasciculées............ 5

5 { Corolle à 4 pétales................ OXYCOCCOS (*274*)
  { Corolle à 5 pétales................................. 6

6 { Fleurs solitaires terminant les rameaux; pétales assez grands........................ 7
  { Fleurs en bouquets (ombelle, grappe ou corymbe); pétales de grandeur médiocre................ 8

7 { Calice à 5 divisions oblongues, aiguës, bordées de dentelures glanduleuses; fleurs roses..... CYDONIA (*143*)
  { Calice à divisions linéaires, plus longues que les pétales; fleurs blanches............ MESPILUS (*140*)

8 { 5 styles.. 9
  { 2 ou 3 styles.......................... SORBUS (*146*)

9 { Fleurs en fascicules ombelliformes; pétales suborbiculaires......................... 10
  { Fleurs en grappe; pétales lancéolés-linéaires.................... AMELANCHIER (*142*)

SEPTIÈME CLASSE — DEUXIÈME SECTION

10 { Styles libres ; fleurs en corymbe............ PYRUS (144)
   { Styles soudés à la base ; fleurs en ombelle..... MALUS (145)

11 { Tige et rameaux épineux............... CRATÆGUS (141)
   { Tige et rameaux non épineux............. SORBUS (146)

II

1 { Corolle à 4 pétales........................ 2
  { Corolle à 5 pétales ou plus................ 3

2 { Fleurs roses, rarement blanches.......... EPILOBIUM (148)
  { Fleurs jaunes........................ ŒNOTHERA (149)

3 { Fleurs jaunes............................. 4
  { Fleurs de toute autre couleur.............. 5

4 { Calice à 2 divisions................... PORTULACA (118)
  { Calice à 5 divisions................... AGRIMONIA (139)

5 { Fleurs blanches....................... SAXIFRAGA (192)
  { Fleurs purpurines ou verdâtres.................. 6

6 { Fleurs purpurines..................... LYTHRUM (116)
  { Fleurs verdâtres................... SCLERANTHUS (123)

DEUXIÈME SECTION

ANALYSE DES GENRES

NOTA. — Pour étudier les plantes de cette Section, il faut avoir soin de recueillir des échantillons portant des fleurs et des fruits avancés.

1 { Fleurs blanches, blanchâtres, roses ou rosées....... II
  { Fleurs jaunes, jaunâtres, ou d'un jaune verdâtre..... I

I

1 { Feuilles entières................... BUPLEVRUM (157)
  { Feuilles ailées........................ 2

2 { Involucelle nul ou à 1, 2 ou 3 folioles seulement..... 4
  { Involucelle formé de plus de 3 folioles............ 3

3 { Feuilles très odorantes ; fruit à côtes
  {   filiformes.................... PETROSELINUM (162)
  { Feuilles non odorantes ; fruit à côtes carénées, presque
  {   ailées.......................... SILAUS (171)

SEPTIÈME CLASSE — DEUXIÈME SECTION

4 { Plante exhalant dans toutes ses parties une odeur très agréable; feuilles à segments capillaires; fruit ovoïde ou elliptique, non aplati ...... FŒNICULUM (170)
Plante à odeur nulle ou peu prononcée; feuilles à segments plans, non capillaires; fruit lenticulaire ou oblong, aplati............................ 5

5 { Fruit entouré d'une aile plate............ PASTINACA (179)
Fruit épaissi sur les bords, non ailé.... PEUCEDANUM (178)

II

1 { Fleurs en vraies ombelles...................... 3
Fleurs en verticilles solitaires ou superposés, ou bien fleurs en têtes globuleuses.................... 2

2 { Plante épineuse; feuilles non peltées; fleurs en têtes globuleuses........................ ERYNGIUM (156)
Plante non épineuse; feuilles peltées; fleurs en verticilles........................ HYDROCOTILE (154)

3 { Feuilles ailées 4
Feuilles palmatiséquées, jamais ailées ...... SANICULA (155)

4 { Fruit hérissé d'épines plus ou moins fortes et serrées, ou fortement velu........................ A
Fruit glabre ou un peu velu, mais non épineux ...... B

A

1 { Involucre nul ou à folioles simples................ 2
Involucre à folioles pinnatifides .... DAUCUS (182)

2 { Fruit très aplati et entouré d'un rebord épais........................ TORDYLIUM (180 bis)
Fruit n'offrant pas ces deux caractères réunis 3

3 { Fruit surmonté d'un bec plus ou moins long...... 4
Fruit non terminé par un bec.................. 5

4 { Fruit hispide, à bec court............. ANTHRISCUS (172)
Fruit peu velu, à bec très allongé........... SCANDIX (174)

5 { Fruit velu, presque tomenteux, ovoïde-oblong LIBANOTIS (168)
Fruit chargé d'épines........................ 6

6 { Feuilles une fois ailées................. TURGENIA (184)
Feuilles deux ou trois fois ailées................. 7

SEPTIÈME CLASSE — DEUXIÈME SECTION

7 { Fruit gros (de 6 à 10^{mm}), chargé d'épines en lignes régulières. Tige glabre ou presque glabre............ 8
{ Fruit petit (de 2 à 4^{mm}), irrégulièrement couvert d'épines. Tige rude....................... TORILIS *(186)*

8 { Involucre nul ou à une ou deux folioles. Fleurs extérieures sensiblement pareilles à celles du centre de l'ombelle......................... CAUCALIS *(185)*
{ Involucre formé de 5 à 8 folioles. Fleurs extérieures de 8 à 10 fois plus grandes que celles du centre de l'ombelle...................... ORLAYA *(183)*

B

1 { Fruit prolongé en bec........................ 2
{ Fruit sans bec............................... 3

2 { Bec 4 fois au moins plus long que le reste du fruit.............................. SCANDIX *(174)*
{ Bec plus court que le reste du fruit...... ANTHRISCUS *(172)*

3 { Fruit entièrement glabre...................... 4
{ Fruit velu sur toute sa surface, presque tomenteux....................... LIBANOTIS *(168)*

4 { Calice à dents nulles ou très courtes, non dressées sur le fruit........................... 5
{ Calice à dents allongées, persistantes et dressées sur le fruit................... ŒNANTHE *(167)*

5 { Fruit 3 fois au moins aussi long que large........ 6
{ Fruit n'étant pas trois fois aussi long que large..... 7

6 { Involucelle à folioles membraneuses et ciliées sur les bords................... CHÆROPHYLLUM *(173)*
{ Involucelle à folioles sétacées, non ciliées.. PTYCHOTIS *(159)*

7 { Fruit à ailes membraneuses ou à bordure saillante.... 8
{ Fruit sans ailes membraneuses ni bordure saillante... 13

8 { Fruit à côtes ailées, au moins les deux latérales....... 9
{ Fruit simplement entouré d'une aile ou d'une bordure. 11

9 { Fruit à côtes toutes développées en ailes membraneuses 10
{ Fruit à côtes latérales seules développées en ailes membraneuses.................... ANGELICA *(177)*

10 { Involucre nul ou à 1-3 folioles caduques..... SELINUM *(176)*
{ Involucre à plus de 3 folioles.......... LASERPITIUM *(181)*

11 { Feuilles velues ou pubescentes, au moins en dessous et sur les bords........................... 12
{ Feuilles entièrement glabres.......... PEUCEDANUM *(178)*

SEPTIÈME CLASSE — DEUXIÈME SECTION

12 { Involucre nul ou à 1, 2 ou 3 folioles..... HERACLEUM *(180)*
   { Involucre à plus de 3 folioles........ TORDYLIUM *(180 bis)*

13 { Involucre nul ou formé de une à 4 folioles......... 14
   { Involucre à plus de 4 folioles................. 25

14 { Ombelles toutes régulières et portant des ombellules.. 15
   { Ombelles latérales réduites à des ombellules irrégulièrement espacées le long des rameaux PETROSELINUM *(162)*

15 { Ombelles longuement pédonculées............... 16
   { Ombelles sessiles ou à très court pédoncule................... HELOSCIADIUM *(163)*

16 { Involucelle formé de 3 folioles renversées et déjetées du même côté...................... 17
   { Involucelle nul ou n'offrant pas 3 folioles déjetées et renversées du même côté................ 19

17 { Tige marquée de taches rougeâtres ou violacées CONIUM *(175)*
   { Tige non tachée.................... 18

18 { Calice à 5 dents marquées et persistantes CORIANDRUM *(187)*
   { Calice à dents nulles............... ÆTHUSA *(166)*

19 { Feuilles toutes découpées en lanières capillaires. CARUM *(161)*
   { Feuilles plus ou moins découpées, mais jamais toutes en lanières capillaires................ 20

20 { Fruit ovale ou oblong..................... 21
   { Fruit globuleux....................... SISON *(158)*

21 { Folioles inférieures de chaque feuille disposées en X sur le pétiole commun................ CARUM *(161)*
   { Folioles inférieures de chaque feuille non disposées en X sur le pétiole commun................. 22

22 { Involucelle complètement nul................. 23
   { Involucelle à une ou plusieurs folioles............ 24

23 { Feuilles 1 ou 2 fois ternées, les supérieures opposées..................... ÆGOPODIUM *(160)*
   { Feuilles 1 ou 2 fois pinnées, les supérieures alternes.................... PIMPINELLA *(165)*

24 { Tige droite....................... SESELI *(169)*
   { Tige rampante et radicante........... HELOSCIADIUM *(163)*

25 { Involucelle à 3 folioles déjetées du même côté.. CONIUM *(175)*
   { Involucelle à 3 folioles non déjetées du même côté... 26

26 { Racine tuberculeuse; feuilles deux ou trois fois ailées................. CARUM *(161)*
   { Racine fibreuse; feuilles une fois ailées........ SIUM *(164)*

TROISIÈME SECTION

ANALYSE DES GENRES

1. { Tige ligneuse.................................... 2
   { Tige herbacée.................................... 3
2. { Feuilles lobées, alternes ou fasciculées .... RIBES (*191*)
   { Feuilles entières et opposées, venant quelquefois après
   {   les fleurs....................... CORNUS (*189*)
3. { Plante aquatique à feuilles submergées ou nageantes ;
   {   4 étamines.......................... TRAPA (*153*)
   { Plante terrestre ; 2 étamines................ CIRCÆA (*154*)

QUATRIÈME SECTION

ANALYSE DES GENRES

1. { Tige ligneuse.................................... 2
   { Tige herbacée.................................... 3
2. { Tige sarmenteuse, grimpante, munie de radicelles ;
   {   fleurs en ombelle .... HEDERA (*188*)
   { Tige non sarmenteuse grimpante ; fleurs axillaires ou
   {   en grappes........................... RIBES (*191*)
3. { Feuilles très épineuses............... ERYNGIUM (*156*)
   { Feuilles non épineuses 4
4. { Fleurs sessiles, en épi ou en capitule multiflore ; an-
   {   thères libres .... PHYTEUMA (*277*)
   { Fleurs pédicellées, en ombelle globuleuse multiflore ;
   {   anthères soudées à la base........... JASIONE (*278*)

CINQUIÈME SECTION

ANALYSE DES GENRES

1. { Fleurs ayant calice et corolle.................... 2
   { Fleurs n'ayant qu'un seul périanthe............... 3
2. { Fleurs purpurines.................... LYTHRUM (*116*)
   { Fleurs jaunes ou blanches......................... 4
3. { 6 étamines.. 4
   { 3 étamines ou moins............................... 5

SEPTIÈME CLASSE — CINQUIÈME SECTION

4 { Périanthe offrant à sa gorge une couronne pétaloïde en forme de cloche ou de godet.......... NARCISSUS *(416)*
Périanthe dépourvu de couronne à la gorge. LEUCOIUM *(417)*

5 { 3 étamines fertiles et libres; fleurs très grandes, régulières; 3 stigmates pétaloïdes............... IRIS *(415)*
1 ou 2 étamines fertiles insérées sur le pistil; fleurs petites ou de grandeur moyenne, souvent très irrégulières... A

A

1 { Fleurs éperonnées............................ 2
Fleurs non éperonnées........................ 9

2 { Feuilles réduites à des écailles.......... LIMODORUM *(426)*
Plante feuillée, au moins à la base................ 3

3 { Labelle linéaire-allongé, indivis...... PLATANTHERA *(425)*
Labelle à 3 lobes plus ou moins profonds et entiers, ou le moyen bilobé ou bifide................. 4

4 { Labelle à 3 lobes linéaires, ondulés, celui du milieu ayant de 5 à 6 centimètres de long. LOROGLOSSUM *(419)*
Labelle ne présentant pas ces caractères........... 5

5 { Labelle à 3 lobes............................ 6
Labelle à plus de 3 lobes..................... 7

6 { Tubercules entiers; éperon filiforme, au moins égal à l'ovaire........................... ANACAMPTIS *(420)*
Plante n'ayant pas à la fois les tubercules entiers et l'éperon filiforme au moins égal à l'ovaire........ 7

7 { Tubercules palmés, c'est-à-dire lobés............ 8
Tubercules entiers, c'est-à-dire parfaitement ovoïdes................................... ORCHIS *(421)*

8 { Fleurs verdâtres, avec l'éperon très obtus et 4 ou 5 fois plus court que l'ovaire, *ou bien* fleurs roses ou blanches, avec l'éperon filiforme, arqué, très aigu, deux fois au moins aussi long que l'ovaire.................... GYMNADENIA *(424)*
Fleurs n'ayant ni l'un ni l'autre de ces deux caractères................................... ORCHIS *(421)*

9 { Racine tuberculeuse......................... 10
Racine fibreuse............................. 13

HUITIÈME CLASSE — PREMIÈRE SECTION

10 { Fleurs en épi unilatéral et contourné en spirale .... SPIRANTHES *(430)*
Fleurs non disposées en spirale sur la tige.......... 11

11 { Divisions du périanthe toutes dressées et réunies en cloche........................... HERMINIUM *(423)*
Labelle étalé ou pendant........................ 12

12 { Labelle glabre, à 4 lobes linéaires figurant un homme pendu ; ovaire contourné................ ACERAS *(418)*
Labelle pubescent-velouté, bizarrement taché, à lobes non linéaires ; ovaire non contourné...... OPHRYS *(422)*

13 { Plante à deux feuilles opposées, rarement 3, *ou bien* tige munie d'écailles d'un blanc roussâtre remplaçant les feuilles .... NEOTTIA *(429)*
Tige à feuilles alternes........................ 14

14 { Ovaire non contourné, porté sur un pédicelle contourné ; fleurs d'un vert rougeâtre ou d'un pourpre foncé............................. EPIPACTIS *(428)*
Ovaire plus ou moins contourné, sessile ou subsessile ; fleurs blanches ou d'un beau rose CEPHALANTHERA *(427)*

HUITIÈME CLASSE

Plantes phanérogames à fleurs disjointes, hermaphrodites, périanthées, ovaire *infère ;* corolle *monopétale* ou périanthe *monophylle.*

ANALYSE DES SECTIONS

1 { 5 étamines ou moins........................... 2
Plus de 5 étamines.......................... 1re *Section.*

2 { Feuilles ou radicales ou alternes................. 3
Tige garnie de feuilles opposées ou verticillées..... 2e *Section.*

3 { Fleurs ayant calice et corolle................... 3e *Section.*
Fleurs à périanthe simple .... 4e *Section.*

PREMIÈRE SECTION
ANALYSE DES GENRES

1 { Tige ligneuse............................... 2
Tige herbacée............................... 3

HUITIÈME CLASSE — DEUXIÈME SECTION

2 { Corolle urcéolée ou campanulée, à 4 ou 5 lobes peu profonds......... VACCINIUM *(273)*
   Corolle en roue, profondément partagée en 4 divisions lancéolées......... OXYCOCCOS *(274)*

3 { 6 étamines......... 4
   Plus de 6 étamines......... 6

4 { Feuilles alternes, ovales et échancrées en cœur......... ARISTOLOCHIA *(375)*
   Feuilles radicales et linéaires, *ou bien* feuilles nulles au moment de l'apparition des fleurs......... 5

5 { Plante sans feuilles à l'époque de la floraison ; fleurs lilas......... COLCHICUM *(400)*
   Plante feuillée ; fleurs blanches ou jaunes... NARCISSUS *(416)*

6 { Feuilles simples......... 7
   Feuilles ailées......... 9

7 { Tige peu développée ; feuilles radicales en apparence ; périanthe campanulé, à 3 divisions....... ASARUM *(374)*
   Tige très bien développée ; feuilles nettement alternes ou opposées ; périanthe à 4 ou 5 divisions....... 8

8 { Feuilles linéaires et toutes sessiles.... SCLERANTHUS *(123)*
   Feuilles non linéaires, toutes pétiolées......... CHRYSOSPLENIUM *(193)*

9 { Feuilles opposées......... ADOXA *(283)*
   Feuilles alternes......... POTERIUM *(369)*

DEUXIÈME SECTION

ANALYSE DES GENRES

1 { 5 étamines......... 2
   Moins de 5 étamines......... 5

2 { Feuilles simples......... 3
   Feuilles ailées......... SAMBUCUS *(284)*

3 { Tige ligneuse......... 4
   Tige herbacée......... SCLERANTHUS *(123)*

4 { Corolle campanulée ou tubulée......... LONICERA *(286)*
   Corolle presque plane et en roue......... VIBURNUM *(285)*

5 { Feuilles opposées......... 6
   Feuilles verticillées......... 12

HUITIÈME CLASSE — TROISIÈME SECTION

6 { 4 étamines 7
  { Moins de 4 étamines 10

7 { Fleurs terminales et réunies en grand nombre dans un
  {   involucre commun............................. 8
  { Fleurs axillaires et non réunies dans un involucre
  {   commun............................ ISNARDIA *(150)*

8 { Tige munie d'aiguillons.................. DIPSACUS *(296)*
  { Tige dépourvue d'aiguillons, seulement velue 9

9 { Réceptacle des fleurs chargé de paillettes.... SCABIOSA *(294)*
  { Réceptacle des fleurs velu-hérissé, mais dépourvu de
  {   paillettes......................... KNAUTIA *(295)*

10 { Fleurs blanches ou rosées, non éperonnées ; plus d'une
   {   étamine.. 11
   { Fleurs rouges, rarement blanches, longuement épe-
   {   ronnées ; une étamine............ CENTRANTHUS *(291)*

11 { Feuilles (au moins les supérieures) ailées. Tige droite,
   {   simple............................ VALERIANA *(292)*
   { Feuilles toutes simples. Tige plusieurs
   {   fois bifurquée................. VALERIANELLA *(293)*

12 { Calice à 6 divisions................... SHERARDIA *(287)*
   { Calice à 4 divisions 13

13 { Corolle rotacée, plane 14
   { Corolle tubulée, en entonnoir......... ASPERULA *(288)*

14 { Corolle à 4 divisions ; fruit formé de 2 carpelles
   {   secs............................... GALIUM *(289)*
   { Corolle à 5 divisions, rarement 4 ; fruit charnu, bacci-
   {   forme............................... RUBIA *(290)*

TROISIÈME SECTION

ANALYSE DES GENRES

1 { Fleurs petites, en tête ou en épi compacte. Corolle dé-
  {   coupée presque jusqu'à la base en 5 divisions
  {   linéaires, d'abord réunies par leur sommet, puis
  {   étalées.. 2
  { Corolle campanulée ou rotacée, à 5 lobes peu profonds 3

2 { Étamines à anthères soudées par leur base. Feuilles
  {   ordinairement hispides et toutes sessiles... JASIONE *(278)*
  { Anthères libres. Feuilles glabres ou à peine pubescentes,
  {   les radicales pétiolées............. PHYTEUMA *(277)*

NEUVIÈME CLASSE

3 { Calice prolongé inférieurement en un tube moins long que la corolle, qui est campanulée. Ovaire arrondi.   4
{ Calice prolongé inférieurement en un tube au moins aussi long que la corolle, qui est rotacée. Ovaire prismatique .... SPECULARIA *(276)*

4 { Tige dressée. Feuilles supérieures beaucoup plus longues que larges................. CAMPANULA *(275)*
{ Tige couchée, filiforme. Feuilles toutes aussi larges que longues................... WAHLENBERGIA *(279)*

QUATRIÈME SECTION

ANALYSE DES GENRES

1 { Fleurs très petites, à périanthe régulier ou presque régulier; feuilles très incisées ou lobées-dentées; tige et feuilles pubescentes........... ALCHEMILLA *(368)*
{ Plante n'ayant pas tous ces caractères réunis....... 2

2 { Fleurs ayant au moins 3 étamines fertiles........... 3
{ Fleurs n'ayant qu'une ou deux étamines fertiles................ (7° Classe, 5° Section, A.)

3 { Fleurs très grandes et d'une belle couleur; 3 étamines; 3 stigmates pétaloïdes..................... IRIS *(415)*
{ Fleurs très petites, blanchâtres ou jaunâtres; 4 ou 5 étamines; stigmates non pétaloïdes; feuilles linéaires, aiguës et très étroites............. THESIUM *(373)*

NEUVIÈME CLASSE

Plantes phanérogames à fleurs disjointes, hermaphrodites; *apérianthées* ou *nues*.

ANALYSE DES GENRES

1 { Tige ligneuse...................... FRAXINUS *(203)*
{ Tige herbacée............................. 2

2 { Plante aquatique, ordinairement submergée........ 3
{ Plante terrestre........................... 4

DIXIÈME CLASSE — PREMIÈRE SECTION

3 { Feuilles et fleurs verticillées .... HIPPURIS *(372)*
    Feuilles opposées; fleurs solitaires, axillaires, peu
    visibles .... CALLITRICHE *(379)*

4 { Feuilles simples 5
    Feuilles ailées .... THALICTRUM *(2)*

5 { Plante renfermant dans toutes ses parties un suc laiteux blanc .... EUPHORBIA *(376)*
    Plante sans suc laiteux blanc .... ARUM *(439)*

DIXIÈME CLASSE

Plantes phanérogames à fleurs disjointes, unisexuelles, *monoïques*.

ANALYSE DES SECTIONS

1 { Tige ligneuse .... 1re *Section*.
    Tige herbacée .... 2e *Section*.

PREMIÈRE SECTION

ANALYSE DES GENRES

1 { Fleurs staminées disposées en chaton I
    Fleurs staminées non en chaton II

I

1 { Fleurs paraissant avant les feuilles .... A
    Fleurs paraissant après les feuilles ou en même temps
    que les feuilles .... B

A

1 { Fleurs pistillées disposées en chaton 2
    Fleurs pistillées non disposées en chaton 4

2 { Anthères terminées par un poil .... CARPINUS *(386)*
    Anthères non terminées par un poil 3

3 { Chatons pistillés cylindriques, solitaires ..... BETULA *(389)*
    Chatons pistillés ovoïdes, disposés en grappe rameuse .... ALNUS *(390)*

DIXIÈME CLASSE — PREMIÈRE SECTION

1 { Arbre à bourgeons très aromatiques par le froissement; de 12 à 30 étamines pour chaque écaille.. JUGLANS *(381)*
Arbrisseau à bourgeons non aromatiques; de 6 à 8 étamines par écaille.................... CORYLUS *(385)*

B

1 { Feuilles linéaires, en aiguille........................ 9
Feuilles non linéaires en forme d'aiguille........... 2

2 { Feuilles simples, dentées ou lobées............... 3
Feuilles ailées........................ JUGLANS *(381)*

3 { Fleurs staminées et fleurs pistillées en chaton ou en épi 4
Fleurs pistillées jamais en chaton ni en épi......... 6

4 { Chatons staminés globuleux.............. PLATANUS *(391)*
Chatons staminés non globuleux.................... 5

5 { Chatons fructifères charnus-succulents, à saveur sucrée; étamines dépassant beaucoup les écailles MORUS *(362)*
Chatons fructifères non charnus-succulents; étamines ne dépassant pas les écailles............. BETULA *(389)*

6 { Feuilles entières ou seulement dentées............. 7
Feuilles incisées ou lobées-sinuées......... QUERCUS *(384)*

7 { Fleurs staminées en chaton cylindrique............ 8
Fleurs staminées en chaton globuleux.......... FAGUS *(382)*

8 { Chatons pendants; fleurs pistillées en grappes lâches .... CARPINUS *(386)*
Chatons dressés; involucres fructifères axillaires et chargés d'épines.................... CASTANEA *(383)*

9 { Feuilles solitaires............................ 11
Feuilles fasciculées........................... 10

10 { Faisceaux formés de 2 à 5 feuilles .... PINUS *(392)*
Faisceaux formés de 15 à 20 feuilles........... LARIX *(393)*

11 { Feuilles alternes ou éparses 12
Feuilles opposées ou verticillées, au moins sur les tout jeunes rameaux.................. JUNIPERUS *(395)*

12 { Anthères en bouclier....................... TAXUS *(396)*
Anthères n'ayant point la forme d'un bouclier.... ABIES *(394)*

II

1 { Fleurs paraissant avant les feuilles........ FRAXINUS *(203)*
Fleurs paraissant avec ou après les feuilles 2

DIXIÈME CLASSE — DEUXIÈME SECTION

2 { Plante parasite sur les arbres............. VISCUM *(190)*
  { Plante non parasite............................ 3

3 { Feuilles pointues, piquantes................ RUSCUS *(412)*
  { Feuilles non piquantes........................ 4

4 { Feuilles entières, persistantes, coriaces et odorantes
  {   par le froissement........................ BUXUS *(378)*
  { Feuilles lobées, caduques, ni coriaces ni odorantes . ACER *(43)*

DEUXIÈME SECTION

ANALYSE DES GENRES

1 { Plante renfermant dans toutes ses parties un suc lai-
  {   teux blanc ; ovaire pédicellé......... EUPHORBIA *(376)*
  { Plante n'ayant pas ces deux caractères............ 2

2 { Tige grimpante ou munie de vrilles axillaires........ 3
  { Tige non grimpante et dépourvue de vrilles......... 4

3 { Corolle presque polypétale. Anthères conniventes.
  {   Vrilles simples...................... CUCUMIS *(281)*
  { Corolle 5-fide. Anthères en colonne. Vrilles
  {   rameuses........................ CUCURBITA *(282)*

4 { Feuilles linéaires, à nervures longitudinales, engaînant
  {   la tige dans toute la longueur des entre-nœuds..... 5
  { Feuilles n'ayant pas ces caractères.................. 7

5 { Fleurs en boule, ou en chaton cylindrique compacte
  {   garni de poils bruns........................ 6
  { Fleurs en épi glabre ou velu, mais non garni de poils
  {   bruns................................. *(13ᵉ Classe)*

6 { Fleurs en chaton cylindrique .... TYPHA *(440)*
  { Fleurs en têtes globuleuses superposées
  {   et espacées........................ SPARGANIUM *(441)*

7 { Plante aquatique.............................. A
  { Plante terrestre............................... B

A

1 { Plante très petite, flottante, ayant l'apparence d'une ou
  {   de plusieurs petites feuilles lenticulaires donnant,
  {   en dessous, naissance aux fibres de la racine. LEMNA *(438)*
  { Plante ne présentant pas tous ces caractères......... 2

DIXIÈME CLASSE — DEUXIÈME SECTION

2 { Périanthe pétaloïde, très apparent; feuilles radicales, sagittées............... SAGITTARIA *(398)*
Plante n'ayant pas ces caractères............... 3

3 { Tige feuillée............... 4
Feuilles toutes radicales, linéaires, épaisses LITTORELLA *(199)*

4 { Feuilles verticillées............... 5
Feuilles alternes ou opposées............... 7

5 { Feuilles ailées, à segments capillaires MYRIOPHYLLUM *(152)*
Feuilles non ailées............... 6

6 { Feuilles profondément découpées en segments filiformes............... CERATOPHYLLUM *(380)*
Feuilles entières ou seulement dentées............... 7

7 { Feuilles supérieures obovales, entières et flottantes, ou bien feuilles toutes linéaires, bifides et submergées............... CALLITRICHE *(379)*
Feuilles toutes linéaires-étroites et non bifides...... 8

8 { Feuilles bordées de dents épineuses; un seul ovaire............... CAULINIA *(437)*
Feuilles non bordées de dents épineuses; 2 à 4 ovaires............... ZANNICHELLIA *(435)*

B

1 { Feuilles hérissées de poils dont la piqûre est brûlante............... URTICA *(366)*
Feuilles n'ayant pas ce caractère............... 2

2 { Fleurs sessiles sur un axe charnu renfermé dans une spathe en forme de cornet............... ARUM *(439)*
Fleurs non renfermées dans une spathe............... 3

3 { Feuilles simples............... 4
Feuilles ailées, à folioles nombreuses...... POTERIUM *(369)*

4 { Feuilles toujours opposées; 8 étamines ou plus............... MERCURIALIS *(377)*
Feuilles presque toujours alternes; moins de 8 étamines 5

5 { 4 étamines; 1 seul style; stigmate formant un petit pinceau violet............... PARIETARIA *(367)*
Plante dont les fleurs n'offrent pas tous ces caractères réunis............... 6

ONZIÈME CLASSE — PREMIÈRE SECTION

6 { Fleurs naissant à l'aisselle de bractées scarieuses ; feuilles sensiblement ovales.................. 7
Fleurs non accompagnées de bractées scarieuses ; feuilles inférieures ordinairement triangulaires, à base tronquée ou hastée............ ATRIPLEX *(356)*

7 { Bractées florales environ de la longueur du périanthe ou le dépassant beaucoup.......... AMARANTUS *(351)*
Bractées florales environ de moitié plus courtes que le périanthe....................... EUXOLUS *(352)*

ONZIÈME CLASSE

Plantes phanérogames à fleurs disjointes, unisexuelles, *dioïques.*

ANALYSE DES SECTIONS

1 { Tige ligneuse............................... 1re *Section.*
Tige herbacée............................. 2° *Section.*

PREMIÈRE SECTION

ANALYSE DES GENRES

1 { Fleurs staminées............................. I
Fleurs pistillées............................. II

I

1 { Fleurs disposées sur un chaton écailleux.......... A
Fleurs non disposées sur un chaton écailleux....... B

A

1 { Feuilles nettement sessiles et n'ayant pas 2 millimètres de large............................... 2
Feuilles sensiblement pétiolées et ayant plus d'un centimètre de large........................ 3

2 { Feuilles alternes....................... TAXUS *(396)*
Feuilles opposées ou verticillées, au moins sur les tout jeunes rameaux................. JUNIPERUS *(395)*

3 { De 4 à 5 étamines dans chaque fleur.......... SALIX *(387)*
8 étamines ou plus par écaille............. POPULUS *(388)*

B

1. { Feuilles très entières 2
   { Feuilles lobées ou au moins dentées.............. 3
2. { Feuilles alternes et épineuses.............. RUSCUS *(412)*
   { Feuilles opposées et non épineuses........... VISCUM *(190)*
3. { Feuilles plus ou moins lobées................... 4
   { Feuilles non lobées, mais finement dentées ... RHAMNUS *(92)*
4. { Feuilles opposées........................... ACER *(43)*
   { Feuilles alternes........................... RIBES *(191)*

II

1. { Feuilles sensiblement pétiolées ou atténuées en pétiole A
   { Feuilles nettement sessiles .... B

A

1. { Semences à aigrette et disposées autour d'un chaton. 2
   { Semences sans aigrette et contenues dans une baie.. 3
2. { Ecailles du chaton entières.................. SALIX *(387)*
   { Ecailles du chaton plus ou moins découpées.. POPULUS *(388)*
3. { Feuilles plus ou moins lobées................... 4
   { Feuilles non lobées, mais finement dentées.. RHAMNUS *(92)*
4. { Feuilles opposées........................... ACER *(43)*
   { Feuilles alternes........................... RIBES *(191)*

B

1. { Feuilles n'ayant pas 2 millimètres de large 2
   { Feuilles ayant plus d'un centimètre de large 3
2. { Feuilles alternes .... TAXUS *(396)*
   { Feuilles opposées ou verticillées, au moins sur les tout
      jeunes rameaux................. JUNIPERUS *(395)*
3. { Feuilles opposées, non épineuses............ VISCUM *(190)*
   { Feuilles alternes et épineuses.............. RUSCUS *(412)*

DEUXIÈME SECTION

ANALYSE DES GENRES

1. { Fleurs staminées I
   { Fleurs pistillées II

ONZIÈME CLASSE — DEUXIÈME SECTION

I

1 { Plante aquatique submergée.................... A
  { Plante terrestre, ou aquatique non submergée....... B

A

1 { Feuilles toutes radicales.............. VALLISNERIA (*431*)
  { Tige feuillée................................. 2
2 { 1 étamine .... NAIAS (*436*)
  { 9 étamines .... HELODEA (*432*)

B

1 { Feuilles linéaires, à nervures longitudinales, engaînant la tige dans toute la longueur des entrenœuds..................................... (13º *Classe.*)
  { Plante n'ayant pas tous ces caractères 2
2 { Tige grimpante ou volubile..................... 3
  { Herbe dont la tige n'est ni grimpante ni volubile..... 5
3 { Feuilles à limbe très entier................. TAMUS (*414*)
  { Feuilles lobées ou dentées...................... 4
4 { Feuilles accompagnées de vrilles............ BRYONIA (*280*)
  { Tige complètement dépourvue de vrilles .... HUMULUS (*364*)
5 { Feuilles filiformes, disposées par petits faisceaux...................... ASPARAGUS (*413*)
  { Feuilles à limbe plus ou moins élargi, jamais fasciculées 6
6 { 6 étamines ou plus........................ 7
  { Moins de 6 étamines.......................... 10
7 { 6 étamines .... RUMEX (*359*)
  { Plus de 6 étamines........................ 8
8 { Feuilles dentées................. MERCURIALIS (*377*)
  { Feuilles très entières........................... 9
9 { Calice glabre ou presque glabre, veiné, renflé en forme de ballon............................ SILENE (*19*)
  { Calice velu, strié, tubuleux, très peu renflé MELANDRIUM (*20*)
10 { Feuilles à limbe sinué, anguleux ou denté, mais jamais lobé....................................... 11
   { Feuilles caulinaires profondément découpées........ 12
11 { Feuilles opposées, à poils piquants........... URTICA (*366*)
   { Feuilles alternes..................... SPINACCIA (*358*)

ONZIÈME CLASSE — DEUXIÈME SECTION

12 { Feuilles à segments la plupart dentés; 5 étamines............................ CANNABIS *(363)*
     Tous les segments des feuilles entiers; 3 étamines...................... VALERIANA *(292)*

II

1 { Plante aquatique submergée..................... A
    Plante terrestre, ou aquatique non submergée....... B

A

1 { Feuilles toutes radicales.............. VALLISNERIA *(431)*
    Tige feuillée.................................... 2

2 { Ovaire entouré par une spathe membraneuse.... NAIAS *(436)*
    Ovaire sessile au fond du tube du périanthe, tube très long et diaphane.................... HELODEA *(432)*

B

1 { Feuilles linéaires, à nervures longitudinales, engaînant la tige dans toute la longueur des entre-nœuds. (13e *Classe.*)
    Plante n'ayant pas tous ces caractères............. 2

2 { Tige grimpante ou volubile..................... 3
    Herbe dont la tige n'est ni grimpante ni volubile..... 5

3 { Feuilles à limbe très entier................. TAMUS *(414)*
    Feuilles lobées ou dentées....................... 4

4 { Feuilles accompagnées de vrilles.......... BRYONIA *(280)*
    Tige complètement dépourvue de vrilles..... HUMULUS *(364)*

5 { Feuilles filiformes, disposées par petits faisceaux...................... ASPARAGUS *(413)*
    Feuilles à limbe plus ou moins élargi, jamais fasciculées........................... 6

6 { Feuilles supérieures digitées ou ailées............. 7
    Feuilles entières, dentées, hastées ou sagittées....... 8

7 { Segments des feuilles dentés............... CANNABIS *(363)*
    Segments des feuilles entiers............ VALERIANA *(292)*

8 { Feuilles alternes............................ 9
    Feuilles opposées......................... 10

9 { Périanthe à 6 divisions................... RUMEX *(359)*
    Périanthe à 2, 3 ou 4 divisions........... SPINACCIA *(358)*

10 { Feuilles dentées........................... 11
     Feuilles entières............................ 12

DOUZIÈME CLASSE — PREMIÈRE SECTION

11 { Feuilles hérissées de poils produisant des piqûres douloureuses .... URTICA *(366)*
{ Feuilles glabres ou à poils non piquants. MERCURIALIS *(377)*

12 { 3 styles................................ SILENE *(19)*
{ 5 styles........................... MELANDRIUM *(20)*

DOUZIÈME CLASSE

Plantes phanérogames à fleurs *conjointes*.

ANALYSE DES SECTIONS

1 { Capitules composés d'un nombre plus ou moins grand de fleurettes munies chacune d'un calice et d'une corolle............................ JASIONE *(278)*
{ Capitules composés de fleurettes à périanthe simple... 2

2 { Fleurettes d'un même capitule *tubuleuses* au centre et *ligulées*, c'est-à-dire en languette, à la circonférence du capitule. — (Exemple : la Pâquerette)................ 1re *Section*. — *(Radiées)*.
{ Fleurettes d'un même capitule toutes tubuleuses ou toutes ligulées............................ 3

3 { Fleurettes toutes tubuleuses. — (Exemple : Le Chardon).................. 3° *Section*. — *(Flosculeuses)*.
{ Fleurettes toutes ligulées. — (Exemple : Le Pissenlit)................. 2° *Section*. — *(Semi-flosculeuses)*.

PREMIÈRE SECTION — Radiées.

ANALYSE DES GENRES

1 { Fruits munis d'une aigrette de poils, *au moins ceux du centre*, ou surmontés de 2 à 5 arêtes épineuses... I
{ Fruits sans aigrette ni arêtes épineuses............ II

I

1 { Feuilles opposées......................... 2
{ Feuilles alternes ou radicales (Quelquefois les feuilles ne sont pas apparentes au moment de la floraison, et les tiges sont chargées d'écailles)............ 3

DOUZIÈME CLASSE — PREMIÈRE SECTION

2 { Feuillles profondément dentées ou divisées..... BIDENS *(306)*
{ Feuilles entières........................ ARNICA *(328)*

3 { Demi-fleurons de même couleur que les fleurons..... 5
{ Demi-fleurons ayant une couleur différente de celle des fleurons.............................. 4

4 { Demi-fleurons rares et linéaires-étroits ; involucre à folioles toutes appliquées............ ERIGERON *(326)*
{ Demi-fleurons nombreux et élargis ; folioles extérieures de l'involucre lâches ou étalées......... ASTER *(327)*

5 { Folioles de l'involucre disposées sur 1 ou 2 rangs.... 6
{ Folioles de l'involucre disposées sur plus de 2 rangs.. 9

6 { Tige munie d'écailles paraissant avant les feuilles.... 7
{ Tige pourvue de feuilles 8

7 { Tige portant un seul capitule ; fleurs jaunes TUSSILAGO *(332)*
{ Tige portant plusieurs capitules ; fleurs violacées............................... PETASITES *(333)*

8 { Folioles disposées sur un rang............. SENECIO *(330)*
{ Folioles disposées sur deux rangs....... DORONICUM *(329)*

9 { De 5 à 10 fleurons ligulés................ SOLIDAGO *(325)*
{ Plus de 10 fleurons ligulés..................... 10

10 { Folioles de l'involucre linéaires ; feuilles molles, tomenteuses, profondément cordées, embrassantes...................... PULICARIA *(323)*
{ Plante n'ayant pas tous ces caractères réunis.... INULA *(324)*

11

1 { Réceptacle muni de paillettes ou de poils entremêlés parmi les fleurons..................... 2
{ Réceptacle nu ou alvéolé....................... 5

2 { Fleurons *tubuleux* jaunes, les *ligulés* blancs........ 3
{ Fleurons tubuleux et ligulés de même couleur....... 4

3 { Paillettes du réceptacle obtuses, largement scarieuses, souvent lacérées au sommet............ ORMENIS *(309)*
{ Paillettes du réceptacle très aiguës .... ANTHEMIS *(310)*

4 { Fleurs jaunes..................... HELIANTHUS *(307)*
{ Fleurs blanches ou rosées................ ACHILLEA *(308)*

5 { Fleurons tubuleux et ligulés de même couleur....... 6
{ Fleurons tubuleux jaunes, les ligulés blancs ou rosés. 7

6 { Fruits chargés de pointes épineuses...... CALENDULA *(317)*
{ Fruits dépourvus de pointes épineuses................... CHRYSANTHEMUM *(313)*

DOUZIÈME CLASSE — DEUXIÈME SECTION

7 { Plante presque sans tige; folioles de l'involucre sensiblement égales.................. BELLIS *(344)*
Plante nettement caulescente; folioles de l'involucre imbriquées............................ 8

8 { Réceptacle conique; feuilles décomposées en segments linéaires....................... MATRICARIA *(341)*
Réceptacle plan ou convexe; feuilles non décomposées en segments linéaires............ PYRETHRUM *(342)*

DEUXIÈME SECTION — Semi-flosculeuses.

ANALYSE DES GENRES

1 { Fleurs jaunes............................. 3
Fleurs bleues ou violacées, quelquefois blanches ou roses................................ 2

2 { Fruits brusquement atténués en un bec allongé-capillaire et surmontés d'une aigrette de poils très fins....................... LACTUCA *(346)*
Fruits élargis au sommet et couronnés d'écailles courtes et obtuses.................. CICHORIUM *(336)*

3 { Fruits sans aigrette........................ 4
Fruits munis d'une aigrette................. 5

4 { Tige feuillée..................... LAPSANA *(334)*
Tige non feuillée............... ARNOSERIS *(335)*

5 { Réceptacle nu ou fibrilleux velu............ 6
Réceptacle chargé de paillettes membraneuses................... HYPOCHŒRIS *(337)*

6 { Aigrettes denticulées, jamais plumeuses, formées de soies non dilatées à la base............ 7
Aigrettes (au moins celles du centre) plumeuses, formées de soies dilatées à la base......... 15

7 { Fruit non atténué en bec filiforme........... 12
Fruit brusquement atténué en un bec filiforme donnant à l'aigrette l'apparence pédicellée........... 8

8 { Feuilles toutes radicales............ TARAXACUM *(343)*
Tige feuillée......................... 9

9 { Involucre à 5-10 folioles sensiblement égales, entouré de bractées formant un calicule.............. 10
Involucre à folioles nombreuses, imbriquées sur deux ou plusieurs rangs....................... 11

DOUZIÈME CLASSE — TROISIÈME SECTION

10 { De 4 à 6 fleurettes sur un seul rang. Aigrettes brièvement pédicellées.................... PHŒNOPUS *(345)*
   { De 7 à 12 fleurettes sur 2 rangs. Aigrettes longuement pédicellées...................... CHONDRILLA *(344)*

11 { Fruits sensiblement cylindriques....... BARKHAUSIA *(348)*
   { Fruits très aplatis..................... LACTUCA *(346)*

12 { Involucre à folioles imbriquées et très inégales...... 13
   { Involucre caliculé, à folioles presque égales......... 14

13 { Aigrettes à soies raides, très fragiles, d'un blanc sale à la maturité et disposées sur un rang. Plante peu ou point laiteuse................ HIERACIUM *(350)*
   { Aigrettes à soies molles, blanc d'argent, et disposées sur plusieurs rangs. Plante à suc laiteux blanc très abondant...................... SONCHUS *(347)*

14 { De 4 à 6 fleurettes sur un seul rang...... PHŒNOPUS *(345)*
   { Capitules ayant plus de 6 fleurettes.......... CREPIS *(349)*

15 { Involucre à un seul rang de folioles égales, soudées à la base................... TRAGOPOGON *(341)*
   { Involucre à folioles inégales et imbriquées.......... 16

16 { Tige nue ou presque nue...................... 17
   { Tige feuillée................................ 19

17 { Aigrettes toutes semblables................. 18
   { Aigrettes de la circonférence très courtes, en couronne laciniée membraneuse; les intérieures plumeuses, pédicellées.................. THRINCIA *(338)*

18 { Feuilles entières, jamais velues........ SCORZONERA *(342)*
   { Feuilles laciniées ou sinuées, presque toujours velues..................... LEONTODON *(339)*

19 { Tige nue supérieurement...................... 18
   { Tige feuillée jusqu'au sommet................. 20

20 { Aigrettes longuement pédicellées; folioles extérieures de l'involucre larges et foliacées.. HELMINTHIA *(340 bis)*
   { Aigrettes presque sessiles; folioles extérieures de l'involucre très petites................. PICRIS *(340)*

TROISIÈME SECTION — Flosculeuses.

ANALYSE DES GENRES

1 { Plante n'ayant ni feuilles ni involucre épineux....... 1
  { Feuilles ou involucre épineux....................... II

DOUZIÈME CLASSE — TROISIÈME SECTION

I

1
- Réceptacle muni dans toute son étendue de poils ou de paillettes.................................... B
- Réceptacle nu ou n'ayant des paillettes qu'à sa circonférence.................................... A

A

1
- Feuilles très découpées, laciniées ou ailées.......... 2
- Feuilles nulles, ou entières, ou seulement sinuées.... 4

2
- Fruits munis d'une aigrette..................... 3
- Fruits sans aigrette........................... 11

3
- Involucre à un rang de folioles, entouré à sa base de quelques écailles courtes. Fleurons tous jaunes. SENECIO *(330)*
- Involucre à folioles imbriquées. Fleurons tous rougeâtres................ EUPATORIUM *(331)*

4
- Tige n'ayant que des écailles herbacées. Feuilles radicales et paraissant après les fleurs.............. 5
- Tige garnie de feuilles. Fleurs paraissant après les feuilles.................................... 6

5
- Tige portant un seul capitule; fleurs jaunes TUSSILAGO *(332)*
- Tige portant plusieurs capitules; fleurs violacées........................... PETASITES *(333)*

6
- Tige et feuilles très blanches et cotonneuses......... 7
- Tige ou feuilles ni très blanches ni très cotonneuses................................ INULA *(324)*

7
- Fruits munis d'une aigrette..................... 8
- Fruits sans aigrette................... MICROPUS *(318)*

8
- Plante à fleurs dioïques. Folioles des capitules staminés d'un beau blanc mat, celles des capitules pistillés roses. Tous les capitules distincts. ANTENNARIA *(322)*
- Plante à fleurs non dioïques. Folioles des capitules brunes ou jaunâtres. Capitules réunis en glomérules 9

9
- Folioles de l'involucre planes, entièrement scarieuses................ GNAPHALIUM *(321)*
- Folioles de l'involucre concaves, tomenteuses au moins à la base.................................... 10

10
- Capitules agglomérés par 3-7, et longuement dépassés par les feuilles florales.................. LOGFIA *(320)*
- Agglomération de capitules ne présentant pas ces deux caractères........................... FILAGO *(319)*

DOUZIÈME CLASSE — TROISIÈME SECTION

11 { Capitules très petits, blancs ou jaunâtres, en grappe spiciforme très allongée............. ARTEMISIA *(315)*
Capitules jaune d'or, en corymbes terminaux TANACETUM *(316)*

B.

1 { Folioles de l'involucre entourées d'une bordure denticulée-ciliée, ou terminées par un appendice scarieux plus ou moins lacinié ou denticulé.... CENTAUREA *(304)*
Folioles de l'involucre sans appendice ni bordure denticulée-ciliée.............................. 2

2 { Folioles de l'involucre terminées par une pointe recourbée en crochet...................... LAPPA *(302)*
Folioles de l'involucre non terminées par un crochet.. 3

3 { Capitules globuleux, très petits. Feuilles à segments non dentés...................... ARTEMISIA *(315)*
Plante ne présentant pas ces deux caractères........ 4

4 { Fruits nus ou terminés par 2-5 dents. Fleurons jaunes............................... BIDENS *(306)*
Fruits surmontés d'une aigrette. Fleurons purpurins, rarement blancs.................... SERRATULA *(303)*

II

1 { Folioles de l'involucre terminées par une ou plusieurs épines droites............................. 2
Folioles de l'involucre terminées par une pointe accrochante, recourbée en hameçon............. LAPPA *(302)*

2 { Réceptacle garni de soies ou de petites paillettes..... 3
Réceptacle nu, creusé de petites fossettes en forme d'alvéoles.................. ... ONOPORDUM *(297)*

3 { Feuilles plus ou moins épineuses 4
Feuilles non épineuses .... CENTAUREA *(304)*

4 { Folioles intérieures de l'involucre bien plus courtes que les fleurons.......................... 5
Folioles intérieures de l'involucre très allongées, formant des rayons autour du capitule ...... CARLINA *(298)*

5 { Involucre à folioles extérieures foliacées, divisées en lobes épineux........................ 6
Folioles extérieures entières, non lobées 7

6 { Fleurons d'un beau jaune d'or .... CENTROPHYLLUM *(305)*
Fleurons purpurins ou blancs............'.... SILYBUM *(301)*

TREIZIÈME CLASSE — PREMIÈRE SECTION

7 { Fruits portant une aigrette de poils simples ou seulement denticulés 8
{ Fruits portant une aigrette de poils plumeux.. CIRSIUM *(299)*

8 { Feuilles décurrentes sur la tige........... CARDUUS *(300)*
{ Feuilles non décurrentes............... SERRATULA *(303)*

TREIZIÈME CLASSE

Plantes phanérogames à fleurs *glumacées*.

ANALYSE DES SECTIONS

1 { Fleurs solitaires à l'aisselle d'une seule écaille bractéiforme. Feuilles engaînantes, à gaîne très rarement fendue. Tige généralement triangulaire, ne présentant pas de nœuds à l'insertion des feuilles................ *1re Section. — (Cypéracées.)*
{ Fleurs accompagnées chacune de 2 écailles. Feuilles engaînantes, à gaîne presque toujours fendue. Tige cylindrique, noueuse à l'insertion des feuilles............ *2e Section. — (Graminées.)*

PREMIÈRE SECTION — Cypéracées.

ANALYSE DES GENRES

1 { Toutes les fleurs hermaphrodites. Fruits nus......... 2
{ Fleurs monoïques ou dioïques. Fruit renfermé dans une capsule (*Utricule*)... .... CAREX *(444)*

2 { Epillets très aplatis et dont les fleurs, rangées sur deux rangs opposés et réguliers, ont l'apparence d'une natte........................ CYPERUS *(449)*
{ Epillets n'étant pas tout à la fois très aplatis et garnis de fleurs sur deux rangs opposés 3

3 { Epillets garnis de soies blanches très longues qui, à la maturité, forment comme un paquet d'ouate..................... ERIOPHORUM *(448)*
{ Epillets nus ou munis de soies courtes, et ne ressemblant nullement à un paquet d'ouate............ 4

4 { Un seul épi, ou épillets sessiles agglomérés en une seule tête au haut d'une tige nue.............. 5
{ Plusieurs épis ou épillets formant plusieurs têtes sur une tige nue ou feuillée........................ 6

TREIZIÈME CLASSE — DEUXIÈME SECTION

5
- Les deux écailles inférieures égalant au moins la moitié de la longueur de l'épi.............. SCIRPUS *(447)*
- Écailles inférieures n'atteignant pas la moitié de la longueur de l'épi.............. HELEOCHARIS *(446)*

6
- Épis nombreux, mais solitaires à l'extrémité des rameaux d'une tige feuillée.............. SCIRPUS *(447)*
- Épillets agglomérés par paquets............... 7

7
- Tige nue, ou feuillée seulement à la base..... SCIRPUS *(447)*
- Tige feuillée................................ 8

8
- Une ou 2 écailles inférieures stériles, plus longues que les supérieures.............. SCIRPUS *(447)*
- 3 ou 4 écailles inférieures stériles, plus petites que les supérieures............... RHYNCHOSPORA *(445)*

DEUXIÈME SECTION — Graminées.

ANALYSE DES GENRES

1
- Épillets disposés en épis unisexuels monoïques. Styles longs et pendants...................... ZEA *(450)*
- Épillets jamais disposés en épis unisexuels......... 2

2
- Fleurs disposées au sommet de la tige en épis linéaires et digités...................... DIGITARIA *(457)*
- Fleurs jamais disposées en épis linéaires et digités ... 3

3
- Épillets sessiles ou brièvement pédicellés et un peu enfoncés à leur base dans des cavités creusées dans l'axe auquel ils adhèrent.................. I
- Épillets plus ou moins pédicellés, mais jamais enfoncés dans les dépressions de l'axe.................. 4

4
- Épillets contenant au moins 2 fleurs fertiles......... III
- Épillets ne contenant chacun qu'une fleur fertile, quelquefois accompagnée d'une fleur staminée....... II

I

1
- Épillets solitaires sur chaque dent de l'axe......... 2
- De 2 à 4 épillets, dont 1 ou 2 quelquefois stériles et bractéiformes, sur chaque dent de l'axe.. HORDEUM *(491)*

2
- Une ou deux glumes à chaque épillet............. 3
- Épillets dépourvus de glumes.............. NARDUS *(454)*

3
- Épillets entièrement sessiles sur les dents de l'axe.... 4
- Épillets brièvement, mais nettement pédicellés....... 7

TREIZIÈME CLASSE — DEUXIÈME SECTION

4 { Epillets regardant l'axe par une de leurs faces....... 5
  { Epillets regardant l'axe par un de leurs côtés........ 6

5 { Glumelle inférieure carénée, à carène fortement
  {   ciliée............................... SECALE *(492)*
  { Glumelle inférieure convexe, *ou bien* carénée à carène
  {   non ciliée.......................... TRITICUM *(493)*

6 { Tous les épillets munis de deux glumes..... FESTUCA *(488)*
  { Epillet terminal seul pourvu de deux glumes, les laté-
  {   raux généralement à une seule glume..... LOLIUM *(490)*

7 { Glumelle supérieure bordée de cils raides; ovaire poilu
  {   au sommet................... BRACHYPODIUM *(489)*
  { Glumelle supérieure très peu ou très finement ciliée;
  {   ovaire glabre....................... FESTUCA *(488)*

II

1 { Epillets tous distinctement pédicellés, c'est-à-dire net-
  {   tement en panicule........................ B
  { Epillets sessiles ou à pédicelles si courts qu'ils parais-
  {   sent disposés en grappe ou en épi.......... A

A

1 { Glumes égales ou un peu inégales; 3 étamines dans
  {   chaque fleur............................. 2
  { Glumes très inégales; 2 étamines
  {   dans chaque fleur........... ANTHOXANTHUM *(453)*

2 { Glumes soudées ensemble inférieurement; glumelles
  {   aristées sur le dos................ ALOPECURUS *(460)*
  { Glumes libres, non soudées; glumelles mutiques ou à
  {   arête terminale......................... 3

3 { Epillets comprimés par le dos................... 4
  { Epillets comprimés par les côtés................. 5

4 { Epillets entourés de soies raides à la base; un seul épi
  {   terminal........................... SETARIA *(458)*
  { Epillets dépourvus de soies; plusieurs épis, alternes
  {   le long de l'axe.................. OPLISMENUS *(456)*

5 { Epillets serrés en épi ovale, presque ovoïde.. PHALARIS *(455)*
  { Epillets disposés en panicule spiciforme cylindrique ou
  {   en épi cylindrique........................ 6

6 { Tiges étalées en cercle sur la terre; glumes un peu iné-
  {   gales et plus courtes que les glumelles.... CRYPSIS *(459)*
  { Tiges dressées; glumes égales et plus longues que les
  {   glumelles........................... PHLEUM *(461)*

TREIZIÈME CLASSE — DEUXIÈME SECTION

B

1. { 2 glumes à chaque épillet 2
   { Epillets dépourvus de glumes; glumelles ciliées et mutiques.................... LEERSIA (*452*)

2. { Fleur fertile accompagnée d'une fleur staminée 3
   { Fleur fertile non accompagnée d'une fleur staminée .. 4

3. { Plante mollement velue, blanchâtre; fleur staminée placée au-dessus de la fleur fertile; glumelle inférieure entière au sommet............... HOLCUS (*471*)
   { Plante glabre ou à peu près; fleur staminée placée au-dessous de la fleur fertile; glumelle inférieure tridentée au sommet.......... ARRHENATHERUM (*472*)

4. { Glumelle inférieure munie d'une arête longue d'environ un décimètre.................... STIPA (*466*)
   { Glumelle inférieure mutique ou munie d'une arête ayant quelques centimètres au plus............. 5

5. { Glumelles entourées à la base ou munies vers les bords de longs poils soyeux.................... 6
   { Glumelles glabres à la base ou seulement munies d'un petit faisceau de poils très courts............... 7

6. { Glumelle inférieure munie d'une arête naissant vers le milieu de son dos; poils situés à la base des glumelles.................. CALAMAGROSTIS (*464*)
   { Glumelle inférieure mutique et munie vers les bords de longs poils blancs.................. MELICA (*480*)

7. { Glumes à dos caréné 9
   { Glumes à dos arrondi.................... 8

8. { Epillets un peu comprimés par le dos; glumelles coriaces, luisantes, persistantes, renfermant étroitement la graine.................... MILIUM (*465*)
   { Epillets plus ou moins comprimés par les côtés; graine libre dans les glumelles, qui ne sont ni coriaces ni persistantes.................. MELICA (*480*)

9. { Styles allongés; stigmates sortant au sommet de l'épillet.................... BALDINGERA (*454*)
   { Styles très courts; stigmates sortant à la base de l'épillet.................... 10

10. { Arête 3 ou 4 fois plus longue que l'épillet...... APERA (*463*)
    { Arête nulle ou n'étant pas 2 fois plus longue que l'épillet.................... AGROSTIS (*462*)

TREIZIÈME CLASSE — DEUXIÈME SECTION

III

1. {
 - Epillets portés par des pédicelles plus ou moins courts, la plupart presque sessiles, rapprochés pendant la floraison et dressés de manière à former une panicule spiciforme.................... A
 - Epillets portés par des pédicelles longs, étalés pendant la floraison et formant une panicule plus ou moins rameuse......................... 2
}

2. {
 - Glumes toutes deux plus courtes que l'épillet........ C
 - Les deux glumes, ou une au moins, égalant ou dépassant l'épillet..................... B
}

A

1. {
 - Epillets entourés de bractées très découpées, pectinées........................ CYNOSURUS (*479*)
 - Epillets dépourvus de bractées pectinées............ 2
}

2. {
 - Stigmates filiformes sortant au sommet de l'épillet; ovaire pubescent au sommet.......... SESLERIA (*467*)
 - Stigmates plumeux, naissant vers la base ou sur les côtés de l'épillet; ovaire glabre................ 3
}

3. {
 - Glumelle inférieure munie d'une arête très fine qui prend naissance sur son dos............... AIRA (*469*)
 - Glumelle inférieure, mutique ou à arête terminale.... 4
}

4. {
 - Glumes toutes deux beaucoup plus courtes que l'épillet; feuilles souvent capillaires.......... FESTUCA (*488*)
 - Glumes ayant à peu près la longueur de l'épillet; feuilles jamais capillaires..................... 5
}

5. {
 - Glumes à dos arrondi; glumelle inférieure munie vers les bords de longs poils blancs et soyeux ... MELICA (*480*)
 - Glumes à dos caréné; glumelle inférieure à bords ne présentant pas de longs poils blancs et soyeux......................... KŒLERIA (*477*)
}

B

1. {
 - Glumelle inférieure munie d'une arête naissant sur son dos ou à sa base........................ 4
 - Glumelle inférieure mutique ou bien à arête courte ne naissant ni sur son dos ni à sa base............. 2
}

2. {
 - Glumelle inférieure bifide au sommet et munie entre les dents d'une arête aplanie très courte en forme de dent ou de mucron.... .... DANTHONIA (*473*)
 - Glumelle inférieure entière au sommet et dépourvue d'arête 3
}

TREIZIÈME CLASSE — DEUXIÈME SECTION

3 { Glumelle inférieure comprimée, à dos caréné...... POA *(485)*
  { Glumelle inférieure à dos arrondi............. MELICA *(480)*

4 { Glumelle inférieure entière, aristée au-dessus de sa base ; arête droite, articulée et entourée d'un anneau barbu vers le milieu de sa longueur, et renflée en massue au sommet.......... CORYNEPHORUS *(468)*
  { Arête de la glumelle n'étant pas tout à la fois articulée, munie d'un anneau barbu et renflée en massue au sommet............................ 5

5 { Fleur inférieure de chaque épillet à glumelle externe terminée par une soie, mais dépourvue d'arête dorsale. (La glumelle externe des fleurs supérieures est munie d'une longue arête sur le dos et terminée par deux soies parallèles).......... VENTENATA *(475)*
  { Épillets dont les fleurs ne présentent pas de différence dans les caractères de la glumelle inférieure...... 6

6 { Ovaire poilu au sommet ; épillets assez gros .... AVENA *(474)*
  { Ovaire entièrement glabre ; épillets assez petits ou très petits............................... 7

7 { Stigmates insérés tout au sommet de l'ovaire ; arête naissant au-dessus du milieu de la glumelle inférieure.............................. TRISETUM *(476)*
  { Stigmates insérés un peu au-dessous du sommet de l'ovaire ; arête naissant à la base de la glumelle inférieure ou au-dessous du milieu de son dos.... 8

8 { Plante annuelle, n'atteignant pas ou atteignant à peine 3 décimètres. Épillets à 2 fleurs ; glumelle inférieure bifide au sommet................. AIRA *(469)*
  { Plante vivace, dépassant toujours 3 décimètres. Épillets ordinairement à 3 fleurs ; glumelle inférieure tronquée, irrégulièrement denticulée au sommet................... DESCHAMPSIA *(470)*

C

1 { Glumelle inférieure aristée ou au moins apiculée..... 2
  { Glumelle inférieure mutique................... 10

2 { Glumelle inférieure ayant deux formes dans un même épillet : terminée par une soie et dépourvue d'arête dorsale dans la fleur inférieure, et terminée par deux soies parallèles et munie d'une longue arête dorsale dans les fleurs supérieures.... VENTENATA *(475)*
  { Glumelle inférieure n'affectant qu'une seule forme dans toutes les fleurs................... 3

TREIZIÈME CLASSE — DEUXIÈME SECTION

3 { Glumelle inférieure bidentée ou bifide au sommet, à arête insérée sur le dos, au-dessous du sommet, ou dans l'échancrure terminale.................... 4
Glumelle inférieure entière, c'est-à-dire à arête tout à fait terminale........................... 7

4 { Arête naissant vers le milieu ou presque vers le milieu du dos de la glumelle inférieure............... 5
Arête naissant tout près du sommet de la glumelle ou à une distance moindre de son sommet que de son milieu.. 6

5 { Epillets petits, luisants; ovaire glabre...... TRISETUM (476)
Epillets assez gros; ovaire poilu au sommet,.... AVENA (474)

6 { Ovaire velu au sommet; stigmates insérés au-dessous du sommet de l'ovaire................ BROMUS (487)
Ovaire glabre; stigmates insérés tout au sommet de l'ovaire........................... FESTUCA (488)

7 { Glumelles entourées à la base de longs poils soyeux................... PHRAGMITES (478)
Glumelles non entourées à la base de longs poils soyeux 8

8 { Epillets disposés en paquets compactes, tournés du même côté, courbés-concaves.......... DACTYLIS (486)
Epillets plus ou moins espacés, jamais courbés-concaves..................................... 9

9 { Tige de 4 décimètres à 1 mètre, presque nue, offrant ordinairement un seul nœud situé très près de la racine; épillets ne contenant que 2 fleurs fertiles...................... MOLINIA (481)
Tige plus ou moins feuillée et plusieurs fois articulée, ou bien tige ayant moins de 3 décimètres; plus de 2 fleurs fertiles....................... FESTUCA (488)

10 { Glumelles entourées à la base de longs poils soyeux.................. PHRAGMITES (478)
Glumelles non entourées à la base de longs poils soyeux....................................... 11

11 { Tige de 4 décimètres à 1 mètre, presque nue, offrant ordinairement un seul nœud situé très près de la racine........................... MOLINIA (481)
Tige plus ou moins feuillée et plusieurs fois articulée, ou bien tige ayant moins de 3 décimètres........ 12

TREIZIÈME CLASSE — DEUXIÈME SECTION

12
- Épillets ovales, plus larges que longs, tremblotants; glumes arrondies-ventrues, suborbiculaires; glumelle inférieure cordée à la base et arrondie au sommet .... BRIZA *(484)*
- Épillets ne présentant pas tous ces caractères 13

13
- Tous les épillets ne contenant chacun que 2 fleurs fertiles, accompagnées souvent d'une fleur stérile 14
- Épillets contenant tous plus de 2 fleurs fertiles, ou bien tige portant tout à la fois des épillets à 2 et à plus de 2 fleurs 16

14
- Plante aquatique, à tige couchée-radicante inférieurement, souvent nageante; ligule oblongue CATABROSA *(482)*
- Plante non aquatique, à tige dressée; ligule très courte 15

15
- Glumelle inférieure à dos arrondi, glabre sur toutes ses nervures .... MELICA *(480)*
- Glumelle inférieure comprimée, à dos caréné, souvent avec quelques nervures pubescentes .... POA *(485)*

16
- Plante aquatique, atteignant souvent plus d'un mètre, à souche traçante ou à tige radicante; feuilles larges, à gaînes fendues seulement dans leur moitié supérieure; glumelle inférieure à dos arrondi, ayant de 7 à 11 nervures très prononcées. Épillets ayant de 5 à 13 fleurs .... GLYCERIA *(483)*
- Plante ne présentant pas tous ces caractères réunis. 17

17
- Glumelle inférieure comprimée, à dos caréné; fleurs souvent munies de poils laineux à la base 18
- Glumelle inférieure à dos arrondi; fleurs jamais munies de poils laineux à la base .... FESTUCA *(488)*

18
- Tige ayant de 5 à 20 centimètres; rameaux subtriquètres; épillets brièvement pédicellés, ayant de 5 à 12 fleurs, agglomérés en plusieurs paquets serrés et tournés d'un même côté .... FESTUCA *(488)*
- Plante n'offrant pas tous ces caractères .... POA *(485)*

QUATORZIÈME CLASSE

Plantes cryptogames.

NOTA. — Les *Charagnes*, plantes fétides fixées dans la vase, les *Mousses*, les *Hépatiques*, les *Lichens*, les *Champignons* et les *Algues* ne sont pas décrits dans cet ouvrage.

ANALYSE DES SECTIONS

1. { Plante ordinairement terrestre, à feuilles (*frondes*) radicales, portant à leur face inférieure, quelquefois sur des pédoncules distincts de la feuille ou la terminant, des fructifications (*sporanges*) pulvérulentes, nues ou recouvertes d'une pellicule (*indusium*).............. 2ᵉ *Section*. — (*Fougères*).
Plante n'offrant jamais ces caractères et ayant toujours l'un des suivants :
    Tige munie de gaines dentées ;
    Plante à feuilles imbriquées et à fructifications axillaires ou en massue terminale ;
    Plante aquatique à feuilles flottantes ou à fructifications logées dans les racines... 1ʳᵉ *Section*.

PREMIÈRE SECTION

ANALYSE DES GENRES

1. { Tige munie de gaines dentées.......... EQUISETUM *(507)*
   Tige nulle ou dépourvue de gaines dentées.......... 2

2. { Plante aquatique à feuilles (*frondes*) lenticulaires, nageant à la surface de l'eau............... LEMNA *(438)*
   Plante à feuilles non lenticulaires............. 3

3. { Fructifications radicales et globuleuses ; tige filiforme ; feuilles non imbriquées.............. PILULARIA *(506)*
   Fructifications portées sur la tige, qui n'est jamais filiforme ; feuilles imbriquées......... LYCOPODIUM *(508)*

QUATORZIÈME CLASSE — DEUXIÈME SECTION

DEUXIÈME SECTION — Fougères.

1. { Fructifications disposées en panicule ou en épi sur des pédoncules distincts ou terminant les feuilles fertiles................................. I
   Fructifications placées à la face inférieure des feuilles fertiles................................. II

I

1. { Feuilles 1 ou 2 fois ailées; fructifications en panicule. 2
   Une feuille ovale, entière; fructifications en épi linéaire...................... OPHIOGLOSSUM *(505)*

2. { Fructifications terminant la feuille......... OSMUNDA *(503)*
   Fructifications portées sur un pédoncule distinct de la feuille......................... BOTRYCHIUM *(504)*

II

1. { Feuilles entières, en forme de ruban large d'au moins un centimètre, et cordées à la base SCOLOPENDRIUM *(498)*
   Feuilles plus ou moins découpées, dentées, ou linéaires 2

2. { Fructifications réunies par groupes dépourvus de pellicule................................. 3
   Fructifications réunies par groupes munis d'une pellicule................................. 4

3. { Groupes arrondis; limbe des feuilles écailleux en dessous..................... CETERACH *(494)*
   Groupes allongés; limbe des feuilles dépourvu d'écailles..................... POLYPODIUM *(495)*

4. { Fructifications disposées en lignes continues sur les bords des segments des feuilles.......... PTERIS *(496)*
   Fructifications disposées en groupes distincts sur la surface de la feuille....................... 5

5. { Groupes arrondis ou ovales...................... 7
   Groupes linéaires.............................. 6

6. { Fructifications disposées en lignes transversales; feuilles toutes semblables et fertiles, au moins une fois ailées ou divisées seulement au sommet en 2 ou 3 segments linéaires entiers ou incisés..................... ASPLENIUM *(499)*
   Fructifications disposées sur 2 lignes parallèles; feuilles pinnatiparties, de deux formes différentes: les unes fertiles, les autres stériles.... BLECHNUM. *(497)*

QUATORZIÈME CLASSE — DEUXIÈME SECTION

7 { Pellicule de chaque groupe de fructifications peltée, attachée à la feuille par le centre et libre sur toute sa circonférence.................... ASPIDIUM *(502)*
Pellicule attachée sur une partie de sa circonférence.. 8

8 { Attache de la pellicule allant du centre à la circonférence et formant un pli profond.... NEPHRODIUM *(501)*
Pellicule n'offrant pas de pli et attachée seulement à la circonférence............................ 9

9 { Feuilles de un à 4 décimètres, à lobes obtus; pétiole grêle, presque filiforme.......... CYSTOPTERIS *(500)*
Feuilles de 5 décimètres à un mètre, à lobes aigus; pétiole assez robuste, non filiforme.... ASPLENIUM *(499)*

FIN DE LA PREMIÈRE PARTIE

ERRATA

1° Page 16, ligne 10, au lieu de : s'ameubilt, lisez : *s'ameublit*.

2° Même page, dernière ligne, au lieu de : Ononix, lisez : *Ononis*.

3° Page 39, accolade 6, au lieu de : 5 ovaires.......... GERANIUM
lisez : 5 ovaires. . *GERANIUM ou ERODIUM*
(voir page 37, accolade 9).

4° Pages 82, dernière ligne, et 83, au bas de la page, au lieu de : SPINACCIA, lisez : *SPINACIA*.

5° Page 87, lignes 2 et 15, au lieu de : PHŒNOPUS, lisez : *PHÆNOPUS*.

6° Page 94, A, 1re accolade, au lieu de : déccoupées, lisez : *découpées*.

TABLE ALPHABÉTIQUE DES GENRES

NOTA. — Les chiffres entre parenthèses indiquent les classes et les sections où figure chaque genre.

Les numéros d'ordre placés entre crochets renvoient le lecteur à la 2ᵉ partie de l'ouvrage.

Exemple :

Alisma (3.1) — (6.2)................................ [*397*]

Lisez : Alisma, 3ᵉ classe — 1ʳᵉ section, 6ᵉ classe — 2ᵉ section; numéro 397 de la classification des genres.

A

Abies (10.1)............ [*394*]	Alopecurus (13.2)....... [*460*]
Acer (3.2) — (6.1)—(6.2)	Alsine (3.1)............ [*25*]
— (6.3)—(10.1)—(11.1) [*43*]	Althæa (1.4)............ [*40*]
Aceras (7.5)............ [*418*]	Alyssum (3.4)........... [*75*]
Achillea (12.1)......... [*308*]	Amarantus (6.3) — (6.4)
Aconitum (1.3) — (6.1).. [*13*]	— (10.2)............. [*351*]
Actæa (1.2) — (6.1)..... [*14*]	Amelanchier (7.1)....... [*142*]
Adonis (1.1)............ [*4*]	Amygdalus (2.3)......... [*131*]
Adoxa (8.1)............. [*283*]	Anacamptis (7.5)........ [*420*]
Ægopodium (7.2)......... [*160*]	Anagallis (4.2)......... [*198*]
Æsculus (3.6)........... [*44*]	Anarrhinum (5.1)........ [*238*]
Æthusa (7.2)............ [*166*]	Anchusa (4.1)........... [*246*]
Agrimonia (7.1)......... [*139*]	Anemone (1.1) (6.1).... [*3*]
Agrostis (13.2)......... [*462*]	Angelica (7.2).......... [*177*]
Aira (13.2)............. [*469*]	Antennaria (12.3)....... [*322*]
Ajuga (5.2)............. [*268*]	Anthemis (12.1)......... [*310*]
Alchemilla (6.2) — (8.4). [*368*]	Anthoxanthum (13.2).... [*453*]
Alisma (3.1) — (6.2).... [*397*]	Anthriscus (7.2)........ [*172*]
Allium (6.2)............ [*405*]	Anthyllis (3-6)......... [*99*]
Alnus (10.1)............ [*390*]	Antirrhinum (5.1)....... [*237*]
	Apera (13.2)............ [*463*]
	Aquilegia (1.1) — (6.1).. [*11*]

— 102 —

Arabis (3.4)............ [64]
Arenaria (3.1).......... [28]
Aristolochia (8.1)....... [375]
Arnica (12.1).......... [328]
Arnoseris (12.2)........ [335]
Arrhenatherum (13.2) ... [472]
Artemisia (12.3)........ [315]
Arum (6.1) — (9) —
  (10.2) .... [439]
Asarum (8.1)........... [374]
Asparagus (6.2) — (11.2) [413]
Asperula (8.2).......... [288]
Aspidium (14.2)........ [502]
Asplenium (14.2)....... [499]
Aster (12.1) .... [327]
Astragalus (3.6)........ [102]
Atriplex (6.3) — (10.2).. [356]
Atropa (4.1)............ [227]
Avena (13.2)........... [474]

B

Baldingera (13.2)....... [454]
Ballota (5.2) .... [265]
Barbarea (3.4) .... [63]
Barkhausia (12.2)....... [348]
Bellis (12.1) .... [314]
Berberis (3.2).......... [15]
Beta (6.3) .... [357]
Betonica (5.2).......... [263]
Betula (10.1)........... [389]
Bidens (12.1) — (12.3).. [306]
Blechnum (14.2)........ [497]
Blitum (6.3) — (6.4) ... [355]
Borrago (4.1) .... [215]
Botrychium (14.2)...... [504]
Brachypodium (13.2).... [489]
Brassica (3.4).......... [72]
Briza (13.2) .... [484]
Bromus (13.2) .... [487]
Brunella (5.2).......... [267]
Bryonia (11.2)......... [280]
Bulliarda (3.1) .... [125]
Buplevrum (7.2)........ [157]
Butomus (3.1) — (6.2).. [399]
Buxus (10.1)........... [378]

C

Calamagrostis (13.2).... [464]
Calamintha (5.2)........ [253]
Calendula (12.1)........ [317]
Callitriche (6.4) — (9) —
  (10.2) .... [384]
Calluna (4.5).......... [194]
Caltha (6.1)........... [8]
Calystegia (4.1)........ [213]
Camelina (3.4) .... [79]
Campanula (8.3)....... [275]
Cannabis (11.1)........ [363]
Capsella (3.4)......... [83]
Cardamine (3.4) — (6.3)
  — (6.5).............. [66]
Carduus (12.3)......... [300]
Carex (13.1)........... [444]
Carlina (12.3)......... [298]
Carpinus (10.1)........ [386]
Carum (7.2) .... [161]
Castanea (12.1)........ [383]
Catabrosa (13.2)....... [482]
Caucalis (7.2)......... [185]
Caulinia (10.2)........ [437]
Centaurea (12.3)....... [304]
Centranthus (8.2)...... [291]
Centrophyllum (12.3)... [305]
Centunculus (4.4)...... [197]
Cephalanthera (7.5).... [427]
Cerastium (3.1) .... [30]
Cerasus (2.3) .... [129]
Ceratophyllum (10.2)... [380]
Ceterach (14.2)........ [494]
Chærophyllum (7.2).... [173]
Cheiranthus (3.4)...... [62]
Chelidonium (1.2)—(6.1) [57]
Chenopodium (6.3)..... [354]
Chlora (4.5)........... [208]
Chondrilla (12.2) ...... [344]
Chrysanthemum (12.1)... [313]
Chrysosplenium (8.1)... [193]
Cicendia (4.4)......... [210]
Cichorium (12.2) ...... [336]
Circæa (7.3) .... [151]
Cirsium (12.3)......... [299]

Clematis (6.4)............	[1]	**E**	
Clinopodium (5.2)........	[254]	Echium (4.1) — (5.4)...	[222]
Cochlearia (3.4)..........	[78]	Elatine (3.1)............	[32]
Colchicum (6.2) — (8.1).	[400]	Endymion (6.2)..., ...	[404]
Comarum (2.1)..........	[136]	Epilobium (7.1).........	[148]
Conium (7.2)............	[175]	Epipactis (7.5)..........	[428]
Convallaria (6.2)........	[408]	Equisetum (14.1)........	[507]
Convolvulus (4.1)........	[212]	Erigeron (12.1).........	[326]
Coriandrum (7.2)........	[187]	Eriophorum (13.1)......	[448]
Cornus (6.5) — (7.3)...	[189]	Erodium (3.1)...........	[38]
Coronilla (3.6)..........	[112]	Eryngium (7.2) — (7.4).	[156]
Corrigiola (3.1)..........	[120]	Erysimum (3.4).........	[70]
Corydalis (3.6) — (5.4) — (6.3)..............	[60]	Erythræa (4.2).........	[211]
Corylus (10.1)...........	[385]	Eupatorium (12.3)......	[331]
Corynephorus (13.2).....	[468]	Euphorbia (2.3)—(3.1)— (6.1) — (9) — (10.2)..	[376]
Cratægus (7.1)..........	[141]	Euphrasia (5.1).........	[243]
Crepis (12.2)............	[349]	Euxolus (6.4) — (10.2)..	[352]
Crypsis (13.2)...........	[459]	Evonymus (3.2) — (3.3).	[45]
Cucumis (10.2)..........	[281]		
Cucurbita (10.2).........	[282]	**F**	
Cuscuta (4.1) — (4.4)...	[214]		
Cydonia (7.1)............	[143]	Faba (3.6)..............	[108]
Cynoglossum (4.1).......	[223]	Fagopyrum (6.3)........	[361]
Cynosurus 13.2).........	[479]	Fagus (10.1)............	[382]
Cyperus (13-1)..........	[449]	Festuca (13.2)..........	[488]
Cystopteris (14.2).......	[500]	Ficaria (1.1)............	[7]
Cytisus (3.6)............	[95]	Filago (12.3)...........	[319]
		Fœniculum (7.2)........	[170]
D		Fragaria (2.1)..........	[135]
Dactylis (13.2)..........	[486]	Fraxinus (9)............	[203]
Danthonia (13.2)........	[473]	Fumana (1.2)...........	[90]
Daphne (6.3)............	[371]	Fumaria (3.6) — (5.4) — (6.3)................	[61]
Datura (4.1)............	[229]		
Daucus (7.2)............	[182]	**G**	
Delphinium (1.3) — (6.1)	[12]		
Dentaria (3.4)..........	[65]	Gagea (6.2).............	[402]
Deschampsia (13.2).....	[470]	Galeobdolon (5.2).......	[260]
Dianthus (3.2)..........	[17]	Galeopsis (5.2)..........	[261]
Digitalis (5.1)..........	[236]	Galium (8.2)............	[289]
Digitaria (13.2).........	[457]	Genista (3.6)...........	[96]
Diplotaxis (3.4).........	[71]	Gentiana (4.2) — 4.4)...	[209]
Dipsacus (8.2)..........	[296]	Geranium (3.1)..........	[37]
Doronicum (12.1)........	[329]	Geum (2.1).............	[134]
Draba (3.4).............	[77]	Glaucium (1.2) — (6.1)..	[58]
Drosera (3.1)............	[50]	Glechoma (5.2)..........	[257]

Globularia (5.1)........ [*272*]
Glyceria (13.2)......... [*483*]
Gnaphalium (12.3)...... [*321*]
Gymnadenia (7.5)....... [*424*]
Gypsophila (3.2)........ [*16*]

H

Hedera (6.3) — (7.4).... [*188*]
Heleocharis (13.1)....... [*446*]
Helianthemum (1.2)..... [*89*]
Helianthus (12.1)....... [*307*]
Heliotropium (4.1)...... [*224*]
Helleborus (1.1) — (6.1). [*9*]
Helminthia (12.2).... [*340 bis*]
Helodea (11.2)......... [*432*]
Helodes (1.2).......... [*49*]
Helosciadium (7.2)...... [*163*]
Heracleum (7.2)........ [*180*]
Herminium (7.5)........ [*423*]
Herniaria (3.2) — (6.3). [*121*]
Hieracium (12.2)....... [*350*]
Hippocrepis (3.6)....... [*114*]
Hippuris (9)........... [*372*]
Holcus (13.2).......... [*471*]
Holosteum (3.1)........ [*26*]
Hordeum (13.2)........ [*491*]
Humulus (11.2)........ [*364*]
Hydrocotyle (7.2)....... [*154*]
Hyoscyamus (5.4)....... [*230*]
Hypericum (1.2)........ [*48*]
Hypochœris (12.2)...... [*337*]

I

Iberis (3.6)............ [*82*]
Ilex (3.1) — (4.1) — (4.4) — (4.5)............ [*201*]
Illecebrum (3.2) — (6.3). [*122*]
Impatiens (3.6) — (5.4).. [*36*]
Inula (12.1) — (12.3)... [*324*]
Iris (7.5) — (8.4)...... [*415*]
Isatis (3.4)............ [*86*]
Isnardia (8.2).......... [*150*]

J

Jasione (7.4)—(8.3)—(12) [*278*]
Jasminum (4.3)...... [*204 bis*]
Juglans (10.1).......... [*381*]

Juncus (6.2)........... [*442*]
Juniperus (10.1)—(11.1) [*395*]

K

Kœleria (13.2)......... [*477*]
Knautia (8.2).......... [*295*]

L

Lactuca (12.2)......... [*346*]
Lamium (5.2)......... [*259*]
Lappa (12.3).......... [*302*]
Lapsana (12.2)........ [*334*]
Larix (10.1).......... [*393*]
Laserpitium (7.2)...... [*181*]
Lathyrus (3.6)........ [*110*]
Leersia (13.2)......... [*452*]
Lemna (10.2) — (14.1).. [*438*]
Leontodon (12.2)...... [*339*]
Leonurus (5.2)........ [*266*]
Lepidium (3.4) — (6.3)— (6.4) — (6.5)........ [*84*]
Leucoium (7.5)........ [*417*]
Libanotis (7.2)........ [*168*]
Ligustrum (4.3)....... [*202*]
Limodorum (7.5)...... [*426*]
Limosella (4.3)—(4.4)— (5.1)................ [*233*]
Linaria (5.1).......... [*239*]
Lindernia (5.1)....... [*235*]
Linum (3.1).......... [*33*]
Lithospermum (4.1).... [*220*]
Littorella (10.2)....... [*199*]
Lolium (13.2)......... [*490*]
Lonicera (8.2)........ [*286*]
Loroglossum (7.5)..... [*419*]
Lotus (3.6)........... [*100*]
Luzula (6.2).......... [*443*]
Lychnis (3.1)......... [*21*]
Lycium (4.1).......... [*228*]
Lycopodium (11.1)..... [*508*]
Lycopsis (4.1)........ [*217*]
Lycopus (5.3) — (4.3)... [*249*]
Lysimachia (4.2)...... [*196*]
Lythrum (2.3) — (3.2)— (3.3) — (7.1) — (7.5) [*116*]

M

Maianthemum (6.5) ..... [410]
Malachium (3.1) .... [31]
Malus (7.1) .... [145]
Malva (1.4) .... [39]
Marrubium (5.2) .... [264]
Matricaria (12.1) .... [311]
Meconopsis (1.2) — (6.1) [59]
Medicago (3.6) .... [104]
Melampyrum (5.1) ...... [242]
Melandrium (11.2) ...... [20]
Melica (13.2) .... [480]
Melilotus (3.6) .... [103]
Melissa (5.2) .... [255]
Melittis (5.2) .... [258]
Mentha (4.4) — (5.2) ... [248]
Menyanthes (4.1) .... [207]
Mercurialis (10.2)—(11.2) [377]
Mespilus (7.1) .... [140]
Micropus (12.3) .... [318]
Milium (13.2) .... [465]
Mœhringia (3.1) — (3.2)
 — (3.5) .... [27]
Molinia (13.2) .... [481]
Monotropa (3.2) — (3.5)
 — (6.2) .... [47]
Montia (4.2) — (4.4) —
 (5.1) — (5.3) — (5.4) [119]
Morus (10.1) .... [362]
Muscari (6.2) .... [406]
Myagrum (3.4) .... [88]
Myosotis (4.1) .... [219]
Myosurus (3.1) — (6.1) —
 (6.3) .... [5]
Myriophyllum (6.3) —
 (10.2) .... [152]

N

Naias (11.2) .... [436]
Narcissus (7.5) — (8.1). [416]
Nardus (13.2) .... [451]
Nasturtium (3.4) .... [67]
Neottia (7.5) .... [429]
Nepeta (5.2) .... [256]
Nephrodium (14.2) ..... [501]
Neslia (3.4) .... [87]
Nigella (1.1) — (6.1)... [10]
Nuphar (1.2) .... [55]
Nymphæa (1.2) .... [54]

O

Odontites (5.1) .... [244]
Œnanthe (7.2) .... [167]
Œnothera (7.1) .... [149]
Onobrychis (3.6) .... [115]
Ononis (3.6) .... [98]
Onopordum (12.3) ..... [297]
Ophioglossum (14.2) ... [505]
Ophrys (7.5) .... [422]
Oplismenus (13.2) ..... [456]
Orchis (7.5) .... [424]
Origanum (5.2) .... [254]
Orlaya (7.2) .... [183]
Ormenis (12.1) .... [309]
Ornithogalum (6.2) .... [401]
Ornithopus (3.6) ...... [113]
Orobanche (5.1) — (6.5). [247]
Orobus (3.6) .... [111]
Osmunda (14.2) .... [503]
Oxalis (3.1) — (4.5) ... [35]
Oxycoccos (7.1) — (8.1). [274]

P

Papaver (1.2) — (6.1)... [56]
Parietaria (6.5) — (10.2) [367]
Paris (3.1) — (6.2) .... [414]
Parnassia (3.1) .... [51]
Pastinaca (7.2) .... [179]
Pedicularis (5.1) .... [240]
Peplis (3.2) — (3.3) —
 (6.2) .... [117]
Petasites (12.1) — (12.3) [333]
Petroselinum (7.2) ..... [162]
Peucedanum (7.2) ..... [178]
Phænopus (12.2) ...... [345]
Phalangium (6.2) ...... [407]
Phalaris (13.2) .... [455]
Phaseolus (3.6) .... [106]
Phelipæa (5.1) .... [246]
Philadelphus (7.1) ..... [144]
Phleum (13.2) .... [461]

Phragmites (13.2)...... [478]
Physalis (4.1) — (4.2).. [226]
Phyteuma (7.4) — (8.3). [277]
Picris (12.2)........... [340]
Pilularia (14.1)........ [506]
Pimpinella (7.2)........ [165]
Pinus (10.1)........... [392]
Pisum (3.6)............ [109]
Plantago (4.4)......... [200]
Platanthera (7.5)....... [425]
Platanus (10.1)........ [391]
Poa (13.2)............ [485]
Polycnemum (6.3)—(6.4) [353]
Polygala (3.6) — (5.4).. [42]
Polygonatum (6.2)...... [409]
Polygonum (6.3)........ [360]
Polypodium (14.2)...... [495]
Populus (11.1)......... [388]
Portulaca (1.2) — (2.3) —
 (3.1) — (4.5) — (7.1) [118]
Potamogeton (6.5) ...... [434]
Potentilla (2.1)......... [137]
Poterium (8.1) — (10.2). [369]
Primula (4.1).......... [195]
Prunus (2.3)........... [130]
Pteris (14.2)........... [496]
Ptychotis (7.2)......... [159]
Pulicaria (12.1)........ [323]
Pulmonaria (4.1)....... [224]
Pyrethrum (12.1)....... [312]
Pyrola (3.2)........... [52]
Pyrus (7.1)............ [144]

Q

Quercus (10.1).......... [384]

R

Radiola (3.1).......... [34]
Ranunculus (1.1) — (3.1) [6]
Raphanus (3.4)........ [74]
Reseda (1.3).......... [53]
Rhamnus (3.1)—(3.2)—
 (3.3) — (6.3) — (6.5)
 — (11.1)........... [92]
Rhinanthus (5.1)....... [241]
Rhynchospora (13.1).... [445]

Ribes (7.3)—(7.4)—(11.1) [191]
Robinia (3.6).......... [101]
Rosa (2.2) — (7.1)..... [138]
Rubia (8.2)........... [290]
Rubus (2.2)........... [133]
Rumex (3.1) — (6.2) —
 (11.2).............. [359]
Ruscus (10.1)— (11.1).. [412]

S

Sagina (3.1)—(6.3)—(6.5) [24]
Sagittaria (10.2) .... [398]
Salix (11.1)............ [387]
Salvia (5.3)............ [250]
Sambucus (8.2)......... [284]
Sanicula (7.2).......... [155]
Saponaria (3.2)......... [18]
Sarothamnus (3.6)...... [93]
Saxifraga (3.2) — (7.1).. [192]
Scabiosa (8.2).......... [294]
Scandix (7.2).......... [174]
Scheuchzeria (6.2) ...... [433]
Scilla (6.2)............ [403]
Scirpus (13.1)......... [447]
Scleranthus (3.2) — (3.3)
 —(6.3)—(7.1)—(8.1)
 —(8.2).............. [123]
Scolopendrium (14.2).... [498]
Scorzonera (12.1)....... [342]
Scrofularia (5.1)........ [234]
Scutellaria (5.2)........ [268]
Secale (13.2).......... [492]
Sedum (1.1) — (3.1) —
 (4.1)............... [126]
Selinum (7.2).......... [176]
Sempervivum (1.1)..... [127]
Senebiera (3.4)........ [85]
Senecio (12.1) — (12.3). [330]
Serratula (12.3)........ [303]
Seseli (7.2) .... [169]
Sesleria (13.2).......... [467]
Setaria (13.2).......... [458]
Sherardia (8.2)........ [287]
Silaus [7.2]............ [171]
Silene (3.1 — (11.2).... [19]
Silybum (12.3)......... [301]

Sinapis (3.4)............ [73]
Sison (7.2)............. [158]
Sisymbrium (3.4) — (6.3) [69]
Sium (7.2)............. [164]
Solanum (4.1)........... [225]
Solidago (12.1)......... [325]
Sonchus (12.2).......... [347]
Sorbus (7.1)............ [146]
Sparganium (10.2)....... [441]
Spartium (3.6).......... [94]
Specularia (8.3)........ [276]
Spergula (3.1).......... [23]
Spergularia (3.1)....... [22]
Spinacia (11.2)......... [358]
Spiræa (2.2)............ [132]
Spiranthes (7.5)........ [430]
Stachys (5.2)........... [262]
Stellaria (3.1)......... [29]
Stipa (13.2)............ [466]
Symphytum (4.1)......... [248]
Syringa (4.3)........... [204]

T

Tamus (11.2)............ [414]
Tanacetum (12.3)........ [316]
Taraxacum (12.2)........ [343]
Taxus (10.1) — (11.1)... [396]
Teesdalia (3.6)......... [80]
Tetragonolobus (3.6).. [100 bis]
Teucrium (5.2).......... [270]
Thalictrum (6.1) — (9)... [2]
Thesium (8.4)........... [373]
Thlaspi (3.4)........... [81]
Thrincia (12.2)......... [338]
Thymelæa (6.3).......... [370]
Thymus (5.2)............ [252]
Tilia (1.2)............. [41]
Tillæa (3.1)............ [124]
Tordylium (7.2)...... [180 bis]
Torilis (7.2)........... [186]

Tragopogon (12.2)....... [341]
Trapa (7.3)............. [153]
Trifolium (3.6) — (5.4).. [105]
Trisetum (13.2)......... [476]
Triticum (13.2)......... [493]
Turgenia (7.2).......... [184]
Turritis (3.4).......... [68]
Tussilago (12.1) (12.3)... [332]
Typha (10.2)............ [440]

U

Ulex (3.6).............. [97]
Ulmus (6.3) — (6.5).... [365]
Umbilicus (4.5)......... [128]
Urtica (10.2) — (11.2) .. [366]
Utricularia (5.3)....... [245]

V

Vaccinium (8.1)......... [273]
Valeriana (8.2) — (11.2). [292]
Valerianella (8.2)...... [293]
Vallisneria (11 2)...... [431]
Ventenata (13.2)........ [475]
Verbascum (4.1) — (5.4). [231]
Verbena (4.4) — (5.2)... [271]
Veronica (4.3) — (5.3)... [232]
Vesicaria (3.4)......... [76]
Viburnum (8.2).......... [285]
Vicia (3.6)............. [107]
Vinca (4.2)............. [205]
Vincetoxicum (4.2)...... [206]
Viola (3.6)............. [91]
Viscum (10.1) — (11.1).. [190]
Vitis (3.2)—(4.1)—'6.3) [46]

W

Wahlenbergia (8.3)...... [279]

Z

Zannichellia (10.2)..... [435]
Zea (13.2).............. [450]

FIN

Semur, imprimerie L. LENOIR.

28 octobre 20

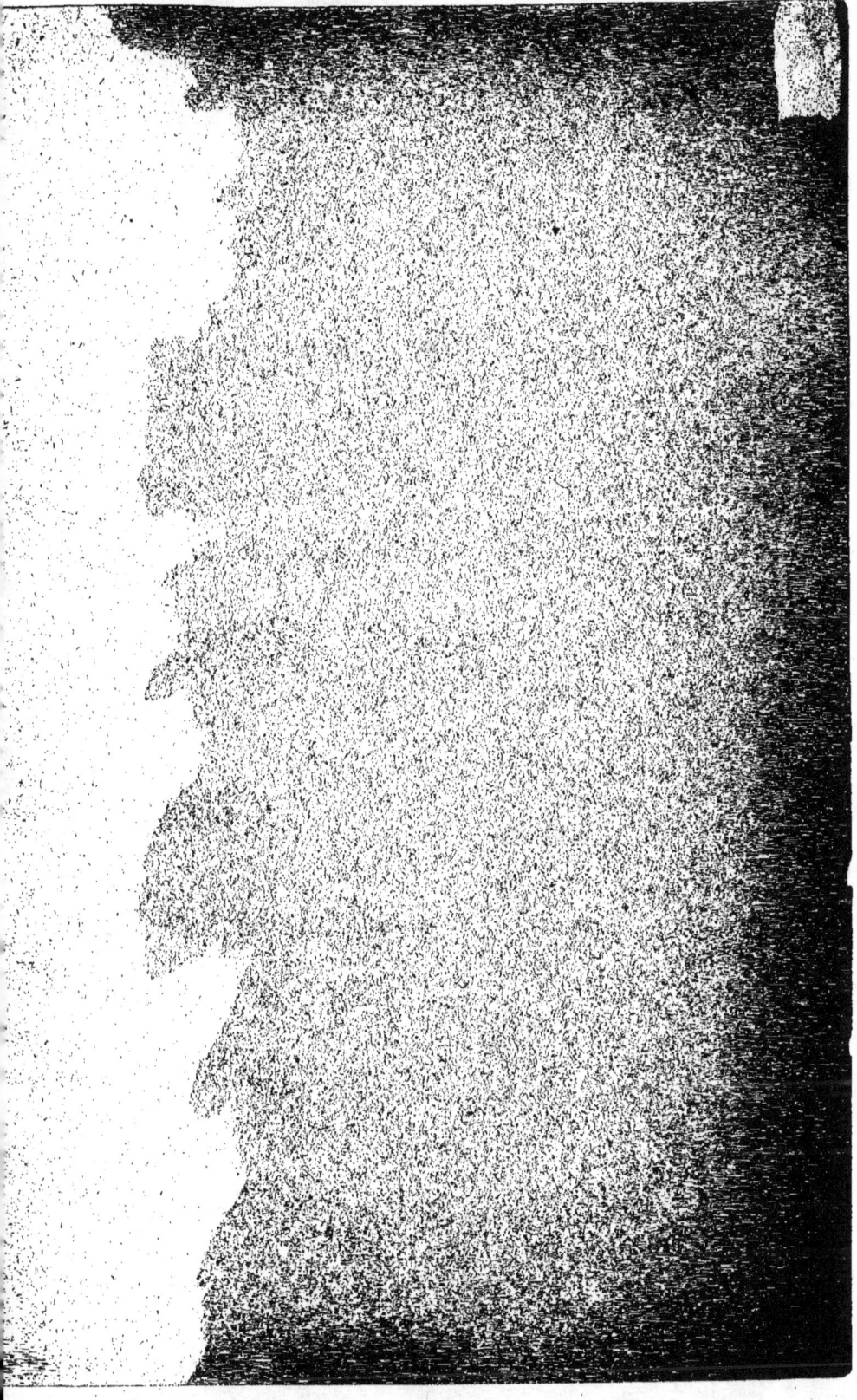

DU MÊME AUTEUR

FLORE ÉLÉMENTAIRE

COMPRENANT

Toutes les Plantes phanérogames signalées jusqu'à ce jour
dans l'arrondissement de Semur.

Avec des clefs analytiques simples et faciles permettant de
déterminer avec la plus grande précision les espèces les
plus communes du département de la Côte-d'Or.

Un volume de 250 pages, broché : 2 fr. 75.

CHEZ L'AUTEUR
A Magny-la-Ville, par Semur
(CÔTE-D'OR)

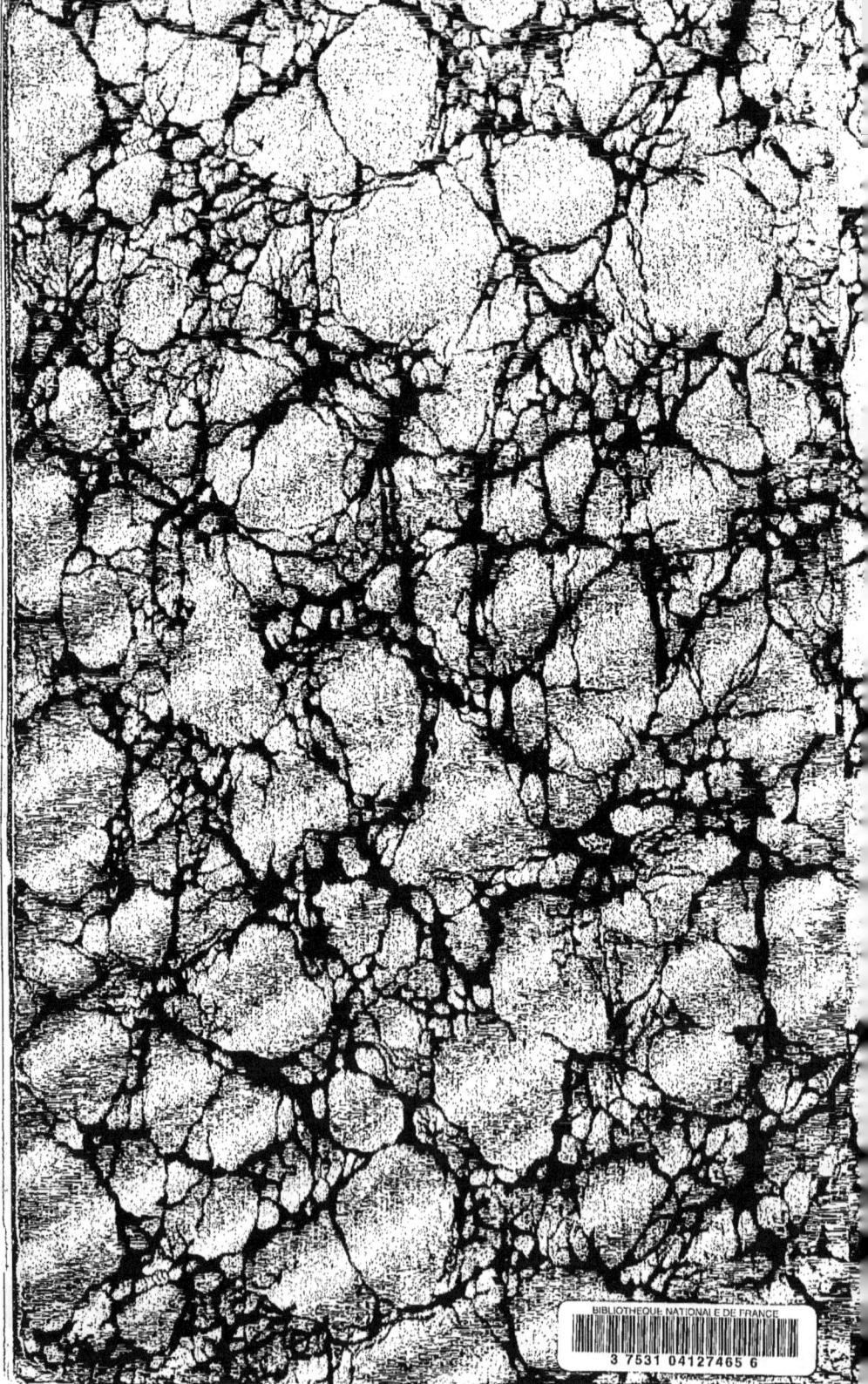

www.ingramcontent.com/pod-product-compliance
Lightning Source LLC
Chambersburg PA
CBHW070518100426
42743CB00010B/1862